KB111143

괜찮아, 어차피 다 죽어

죽음과 삶 사이에 선 우리의 모습들

괜찮아, 어차피 다 죽어

초판 1쇄 발행 | 2023년 1월 20일
초판 2쇄 발행 | 2023년 3월 20일

지은이 | 강원남
펴낸곳 | 메이드인
등 록 | 2018년 3월 5일 제25100-2018-000014호
주 소 | 서울특별시 은평구 연서로10길 15-6
전 화 | 070-7633-3727
팩 스 | 0504-252-6940
이메일 | madein97911@naver.com
ISBN | 979-11-90545-32-7 03810

죽음과 삶 사이에 선 우리의 모습들

괜찮아,
어차피 다 죽어

강원남 지음

MADE IN

추천사

  이 책은 인간의 죽음에 관해 쉽고 간결한 시의 형식으로 쓴 처세훈(處世訓)이다. 처세가 어떻게 세상과 슬기롭게 대면할까에 초점을 두고 있다면 이 책은 시종일관 죽음을 말하며 도리어 삶의 너른 품 안으로 받아들이라 청하고 있으니, 처사훈(處死訓), 나아가 처생훈(處生訓)이라고 해도 좋으리라. 죽음과 삶을 여일하게 꿰놓은 구절을 반복해서 읽노라면 그것만으로 진언이자 수행처럼 다가와 마음은 어느새 두려움을 놓고 삶의 애틋함과 희망을 얻는다.

  우리 시대의 죽음 이야기꾼 강원남은 몹시 성실한 사람이다. 그가 죽음이라는 불온하고 달갑지 않은 소식을 전하기 위해 이 땅의 골골샅샅 안 가는 곳이 있는가. 죽음을 두려워하며 기피하고 싶은 것이 우리 평범한 인간일진대 그의 고언이 아무리 뜻

깊고 살갑다고 한들 듣기 괴롭고 겸연쩍다며 외면하는 자 또한 얼마나 많을까. 이 글 모음은 그 시간을 견뎌 온 사람이 스스로 다독이고 추스르기 위해 경계로 삼은 잠언집(箴言集)인지도 모른다. 잠언이란 글자 그대로 바늘(箴)로 찌르는 말씀. 우리가 사는 데 치우칠 때 그 바늘은 한없이 무른 것일지라도 어느 날 아픔과 고통이 다가오면 벌어진 상처를 꿰매고 사람과 사람을 잇는 예리하고 효험 있는 가르침이 되리라.

김완
『죽은 자의 집 청소』 저자

차례

Chapter 3. 죽음이 주는 살아갈 용기 ···177

Chapter 4. 삶과 죽음을 공부하다 ···243

사람은
살아온 모습 그대로
죽음을 맞이한다.

그러므로

잘 죽겠다는 말은 곧
잘 살겠다는 말

그래서

잘 죽겠습니다.
잘 살겠습니다.

강원남 두 손 모아

여는 글

죽음에 대한 수업을 하다 보니
죽음에 대한 공부를 하다 보니
죽음에 대한 탐구를 하다 보니

매일 죽음에 관한 생각을 하고
매일 죽음에 관한 책을 읽고
매일 죽음에 관한 영상을 본다.

누군가는 내게 묻는다.
매일 죽음에 관한 것만 생각하면
사는 게 두렵고 우울하지 않느냐고.
그러나 죽음을 생각하면
더 이상 우울해질 수 없다.
죽음은 삶의 결과물이라서
살아온 만큼 죽는 거라서
결국 다시
삶으로 돌아올 수밖에 없다.

여기 남긴 글들은
틈틈이 적은
그런 메모들을 모아둔 것이다.

어떤 글은 화두가 되어 공부의 출발점이 되었고
어떤 글은 질문이 되어 수업의 출발점이 되었고
어떤 글은 위로가 되어 애도의 출발점이 되었다.

그런 글들이 모여
다시 책으로 엮였다.

다만 죽음이란 주제가
워낙 무겁다 보니
짧게 쓰고 싶었다.
가볍게 쓰고 싶었다.

웃음을 담은 유머집처럼
죽음을 담은 메모집으로
가볍게 읽혔으면 좋겠다.

책을 쓰는 것은 늘 부끄럽다.
길게 쓰면 중언부언하여
생각을 추슬러 짧게 쓴다.
그러나 보니 엉성하고
얼기설기한 글들이다.

하지만
이 시대의
이맘때의
이 나이의 나는
이런 고민과 생각들을 했었구나,
기록하고 성찰하는 데
의의를 두고자 썼다.

다소 과격한 제목이긴 하지만
부정 뒤에 부정은 강한 긍정이다.

"어차피 죽을 거!" 다음 말에
"죽자"라는 말은 나올 수 없다.

어차피 죽는다면
부딪힐 수밖에 없다.

용기를 낼 수밖에 없다.

선택할 수밖에 없다.

살아갈 수밖에 없다.

죽음은 두렵지만

그렇게 우리에게

삶을 살아갈 용기를 준다.

그리고 그것이

생사학(生死學)의 목표이자

이 책이 건네주고 싶은

작은 위로가 아닐까 싶다.

그렇게 모두가

잘 살다가

잘 죽었으면 좋겠다.

자연사했으면 좋겠다.

2022년 겨울에,

강원남

Chapter 1.
열심히 살지 마, 재밌게 살아

괜찮아, 어차피 다 죽어

괜찮아.
너무 애쓰지 마, 어차피 다 죽어.
너무 걱정하지 마, 어차피 다 죽어.
너무 미워하지 마, 어차피 다 죽어.
너무 부러워하지 마, 어차피 다 죽어.
너무 슬퍼하지 마, 어차피 다 죽어.
너무 그리워하지 마, 어차피 다 죽어.
너무 두려워하지 마, 어차피 다 죽어.

어차피 다 죽는다는 말은
마법과도 같은 말
용기와도 같은 말
너와 내가 같다는 말
우리 모두 죽는다는 말
모두가 공평하다는 말
그러니까 괜찮다는 말
그러므로 살아보자는 말

어차피 다 죽기 때문에
미리 죽지 않겠다.
어차피 다 죽기 때문에
다시 삶을 살겠다.
어차피 다 죽기 때문에
무엇이든 선택하겠다.

어차피 다 죽기 때문에
덜 애쓰고
덜 걱정하고
덜 미워하고
덜 부러워하면서
너무 슬프지 않게
다시 만날 날을 그리며
가볍게 즐겁게
연습 삼아 소풍 삼아
이번 삶을 살아보자.

공부 못해도 돼

가끔 중고등학생에게
수업을 할 때가 있는데,
그럴 때 이런 이야기를 건넨다.

공부 못해도 괜찮아.
나이 마흔 넘어보니
학창 시절 공부 못했던 친구들도
날라리 같던 친구들도
고향에서 마트 사장, 사업장 대표,
좋은 집 살고 큰 차 끌고
아들 딸 낳아서
알콩달콩 잘 살고 있더라.

반대로 그때
공부 잘했던 애들은
대학원이니 박사니 연수니
아직도 집에서 돈 받아가며
박봉의 강사료로 생계를 이어가고
여전히 공부의 굴레에서 못 벗어나더라.

그러니 공부 못해서,
시험 못 봐서 너무 낙심하지 마.
너희들이 앞으로 목표로 삼아야 할 건
얼마나 공부를 잘하는가가 아니라
얼마나 돈을 잘 버는가가 아니라
얼마나 행복하게 살 것인가야.

그리고 그 결과는
끝까지 살아봐야 알 수 있어.
인생이란 책의 마지막 장을
덮었을 때 아는 거야.
마지막 장을 덮을 때까지
우리 인생은 결말을 모르는 거야.

그러니 너무 공부에 목매지 말자.

하고 싶은 일과 하기 싫은 일

살면서 하고 싶은 일을
하고 사는 게 꿈이라고 하는데

하고 싶은 일을
가만히 살펴보면
그 안에는 수많은
하기 싫은 일들이 자리하고 있다.

그래서 하기 싫은 일을 해야
결국 하고 싶은 일을 할 수 있다.

하고 싶은 일을 하는 것은
양적인 성장을 가져오지만
하기 싫은 일을 하는 것은
질적인 성장을 가져온다.

편할 때 열 걸음보다
힘들 때 한 걸음이
우리의 삶을 성장하게끔 한다.

그러니

하고 싶은 일을 하기 위해선

하기 싫은 일을 하자.

직장 그리고 직업

대학생 후배가 물었다.
어떤 자격증을 준비하면 될까요?
그 자격증을 따면 취업에 유리할까요?

자격증이 중요한 게 아니야.
정말로 네가 그 일을
할 수 있느냐가 중요한 거야.

직장이 중요한 게 아니야.
네가 그 직장에서
어떤 일을 할 수 있느냐가 중요한 거야.

직업이 중요한 게 아니야.
네가 앞으로
어떤 사람이 되고 싶고
어떤 삶을 살고 싶으냐가 중요한 거야.

어떤 일을 하고

어떤 직장에 취업할지

얼마나 돈을 벌지

고민하기 이전에

어떤 사람이 되고 싶은지

어떤 삶을 살고 싶은지

어떤 사람으로 기억되고 싶은지

그걸 먼저 고민해보는 건 어때?

진로

나는 방송국 PD가 되고 싶었는데
성적이 모자라서 경제학과로 진학했어.
그렇게 경제학과를 다니다가
군대를 제대하고 자원봉사를 하다 보니
사람을 돕는 일을 하고 싶어서
재수를 해 사회복지학과에 다시 진학하게 됐어.
사회복지사가 되어 노인복지관에 근무하다가
사람들에게 죽음과 관련된 교육을 하고 싶어서
생사학 대학원 과정에 진학하게 됐어.

그리고 지금은 웰다잉 강사로
전국을 누비며 많은 사람을 만나
잘 살고 잘 죽는 법을
이야기하고 다니고 있어.

그런데 말야
무엇 하나 허투루 보낸 것이 아니었어.
방송부 활동을 하며 배웠던 방송 활동이
글쓰기와 SNS, 동영상 제작에 도움이 되었고,

경제학과를 다니며 배웠던 이론들이
사회복지를 공부할 때 배경지식이 되었고,
사회복지를 공부하며 배웠던 이론들로
개인의 죽음을 넘어서 사회적 죽음에도
관심을 가질 수 있게 되었고,
사회복지사로 근무했던 경력들이
어르신들과 사회복지현장을 이해하는 데
그래서 지금 웰다잉 강사로 활동하는 데
밑거름이 될 수 있었어.

그러니 너무 걱정하지 마.
지금 하고 있는 그것들로
너는 꼭 무언가가 될 수 있을 거야.

내 인생이 이렇게 될 줄 몰랐던
고등학생 때의 나처럼 말이야.

후회

심리학자들의 연구에 따르면
사람들은 단기적으로는
자신이 한 행동에 대해 후회를 하지만,
장기적으로는 자신이 하지 않은 행동에 대해
더 많은 후회를 하는 것으로 조사되었다.

죽음 앞에서 결국 우리는
'한 것'과 '하지 않은 것' 중에
'하지 않은 것'을 더 후회한다.

그때 공부 좀 할걸.
그때 고백해볼걸.
그때 가족들과 어디 여행 좀 갈걸.
그때 꿈을 향해 도전해볼걸.
그때 건강 좀 챙길걸.

했던 것은 경험을 통한
구체적인 정보가 있기 때문에 후회가 덜하지만
하지 않은 것은 구체적인 정보가 없기 때문에

마음속에 상상을 더해 괴로움을 증폭시킨다.

그러니 그것이 무엇이든 우선 해보자.
죽이 되든 밥이 되든
말아서 먹든
하지 못한 일들에 대해
후회를 좀 덜 하기 위해서.

지금 바로 오늘이
그 일을 시작하기에
가장 좋은 날이다.

인생은 자전거

인생은 가속도가 붙는다.
처음 타는 자전거처럼
중심도 잡기 힘들고
넘어지지 않을까
무섭기도 하고
남들은 씽씽 잘만 달리는데
왜 나는 그렇게 느린지
오르막길은 왜 그렇게 높은지
조바심이 나지만

힘차게 페달을
자꾸 내밟다보면
속도가 붙어서
넘어지지 않고
신나게 달려갈 수 있어.

그러니 조금만 힘내.
내리지만 않으면
멈추지만 않으면

핸들만 놓지 않으면

느리더라도

더디더라도

언젠가는 목적지에 도착할 테니까.

꿈을 이룰 테니까.

내비게이션

태어나서 죽을 때까지
살아갈 길을 알려주는
내비게이션 하나 있었으면 좋겠다.

출발지는 태어난 날
목적지는 눈을 감는 날

출발지와 목적지는 분명한데
남들보다 좋은 차로
고속도로를 쌩쌩 달려
서둘러 목적지에
도착하고 싶지는 않다.

돌고 돌고 돌아
남들이 가지 않는 길도 가보고
오르막길도 올라가보고
경치 좋은 곳에 들러
잠시 구경도 하고
힘들 땐 너른 나무 밑에서 쉬어도 보고

마음껏 웃고 울고 사랑하며

좋은 사람들
좋은 추억들
좋은 장면들
가득 담고서

최단 시간
최단 거리가 아닌

천천히 천천히
기쁘게 도착할 수 있는
그런 길을 알려주는
내비게이션이 하나
있었으면 좋겠다.

성인(聖人)

부모님 말 좀 안들으면 어때요.
결국 세상을 바꾼 사람들은
부모님 말 안 들은 사람들이었어요.

예수님도 부모님 말 안 듣고
자기 뜻대로 살았고
부처님도 부모님 말 안 듣고
뛰쳐나와 자기 살고 싶은 대로 살았고
독립 운동가도
민주 투사도
부모님 말 안듣고
살고 싶은 대로 살았어요.

부모님 말 잘 듣는 아이들은
부모님 눈높이밖에 안되지만
부모님 말 안 듣는 아이들은
세상의 눈높이에 맞춰요.

내 품 안에서만 자식이지,

세상에 나가면
어엿하고 훌륭한
아이들이에요.

그러니 애들 말 안 듣는다고
너무 뭐라 하지 마세요.
어쩌면 그 아이들이
세상을 바꿀지도 몰라요.

자신을 사랑하는 법

"스스로를 사랑해야
남들도 사랑할 수 있어요."
이 말이 잘 와닿지 않았다.
나를 사랑하지 않아도
남을 사랑할 수 있다 믿었다.

그러던 어느 날
한 스님께서 내게 말씀하셨다.

"스스로를 미워하지 않아야
남들도 미워하지 않을 수 있어요.

나도 미워 죽겠는데
남들은 얼마나 더 밉겠어요.

내가 실수해도 용납이 안 되는데
남들이 실수하면 어떻게 용납이 되겠어요.

자신에게 혹독한 만큼

남들에게 혹독할 수밖에 없어요.

자신에 대한 잣대는
반드시 남들에게도 적용됩니다.

자신을 용서하고 스스로에게 관대해야
남들을 용서하고 타인에게도 관대할 수 있어요."

뒤통수를 내리치는 죽비를 얻어맞은 것처럼
스님의 말씀에 입이 딱 벌어지고 말았다.

나를 사랑하지는 못할지언정
적어도 나를 미워하지는 말자.

괜찮다

괜찮다.
이렇게 살아도

부족해도
모자라도
한심해도

애썼다.
수고했다.
그 정도면 됐다.
쉬어도 된다.
먹어도 된다.
천천히 가도 된다.
아무것도 안 해도 된다.

부모 노릇도 처음이고
자식 노릇도 처음인데
공부도 직장도 사랑도
나이 들어감도 다 처음이고

이 세상을 살아가는 게 처음인데
나도 그때는 한다고 했던 건데
어떻게 처음부터 잘할 수가 있나.

남들에게는 말해도
나에게는 하지 못했던 그 한마디가

십자가에 걸린 예수님이 내려와
나를 품에 안고
법좌 위에 부처님이 내려와
내게 삼배를 올리며 해주시던 말.

괜찮다.

생각에도 길이 생겨요

사람의 생각은 물길과 같아서
우리의 머리에 길을 만든다.

똑똑 떨어진
한 방울의 생각이
땅을 적시고
땅이 패이고
땅에 고이고
길을 내어
도랑을 냇물을
강물이 되어
마침내 바다를 이룬다.

오랜 시간 동안 만들어진
생각의 물길은
쉽게 바꿀 수 없다.
물길을 참으면 홍수가 되고
물길을 따라가면 더 깊어진다.

그렇게 생각은

행동을 만들고

행동은 다시

삶으로 이어진다.

"무의식을 의식으로 만들기까지

당신 삶의 방향을 이끄는 것.

우리는 그것을 운명이라 부른다."

– 칼 융

자존감 그리고 자존심

자존감과 죽음불안의 상관관계를 연구했더니
자존감이 높은 사람들은
죽음불안이 낮다고 조사되었다.

그런데 자존감은 자존심과도 관련이 있다.
자존심이 센 사람들은 자존감이 낮다.
반대로 자존감이 높은 사람들은
자존심 따위는 부리지 않는다.

그리고 자존감은 삶의 마지막 순간
우리가 살아온 모습 그대로 나타난다.

자존감이 높은 이들은 삶의 마지막 순간
자신의 지나온 삶을 긍정적으로 돌이켜보며
삶의 의미를 찾는다.
반면 자존감이 낮은 이들은 삶의 마지막 순간
자신의 지나온 삶을 부정적으로 돌이켜보며
의미 따위 없었다고 말한다.

그래서 자존감이 높아야
살 때도 잘 살고 죽을 때도 잘 죽는다.

그리고 자존감은 오늘
스스로를 마주하는 모습에서 시작된다.

자신을 사랑한다면
죽음 앞에서도 자신을 사랑할 것이고
자신을 미워한다면
죽음 앞에서도 자신을 미워할 것이다.

시발비용

무너진 자존감을 세우는
가장 손쉬운 방법은 소비다.
가치 있는 물건을 가성비 있게 사는 것.
즉, 물건과 자신을 동일시하는 것.

물건이 비싸면 자신도 비싸지고
물건이 아름다우면 자신도 아름다워지고
물건이 쓸모 있으면 자신도 쓸모 있다고 느껴진다.

하지만 잠시뿐
택배가 오기 전까지의 설렘뿐
자존감을 높이지는 못한다.

스스로도 안다.
지갑의 무게와 자존감의 무게를 교환하는 것일 뿐.
그래서 비어가는 통장을 보며
씨발, 하고 내뱉는

물건은 결코 사람과 같을 수 없다.

더 많은 물건,

더 좋은 물건을 구입해도

목마를 때 마신 탄산음료가

갈증을 더 불러오듯

자존감은 쉽게 채워지지 않는다.

집 안 한 켠에서 먼지 쌓일 물건보단

자신을 사랑하고 아끼는

가치와 경험에 투자하자.

시발(始發), 하고 시작하자.

쉽게 무너지지 않는

자존감을 세울 수 있다.

어차피 노는 거

놀이 삼아
연습 삼아
산다고 생각하면
삶이 조금 가벼워진다.

놀이 삼아 사는데
재밌으면 그만이지.
남들은 어디에서 사는지
남들은 무슨 옷을 입고 노는지
남들은 뭐를 먹고 사는지
남들은 무슨 차를 타는지
남들은 뭐를 갖고 노는지
눈치 보고 비교하고
질투하며 시기한다.

흙바닥에서
낡은 옷을 입고
수돗물로 배를 채워도
즐겁게 뛰어놀았던 기억이

많이 웃었던 기억이
좋은 사람들과의 기억이
많은 사람이 결국 이긴다.

그러니
남에 인생 신경 쓰지 말고
콧노래나 흥얼거리며
내 인생에 집중하자.

탯줄 하나

어머니의 화장대에서 발견한 작은 상자 하나.
호기심에 열어보니 건들면 다 부서질 것 같은
말라비틀어진 작은 나무줄기 하나가 담겨 있었다.
여쭤보니 내가 태어났을 때 자른 탯줄이라고 했다.
그 옛날 누군가 탯줄을 보관해뒀다가
아이가 크게 아플 때
탯줄을 달여 먹으면 낫는다고 하여
지금까지 보관해두셨다 한다.

어머니는 자신의 뱃속에서 태어난 아이가
아프지 않고 건강히 자라기를 바랐을 것이다.
혹시나 아프면 어쩔까 조심스러운 마음에
잘라낸 탯줄 하나를 보물처럼
　　소중히 간직했을 것이다.

어머니의 품에서 나온 나는
이런저런 잔병치레는 자주 하지만
다행히 큰 아픔 없이 무사히 지금까지 살아왔다.
이제 어머니는 나를 낳은 지 40여 년이 지나

할머니라 불릴 나이에도

저 말라비틀어진 탯줄 하나를 버리지 않으셨다.

내 자식이 아프면 어떻게라도 살려내겠다는

어머니로서의 마지막 결기인가.

아니면 열 달 동안 뱃속에 품으며

탯줄로 먹이고 키운 자식이라는 것을

확인하고픈 증명서와 같은 것인가.

이제 어머니도 늙고 나도 나이가 들었지만

그래도 그 몸에서 태어났다는

그래서 나는 당신의 자식이라는

그 사실 하나는 결코 변하지 않는다.

이제는 내가 잘 간직하고 있다가

먼 훗날 어머니도 떠나고 나도 세상을 떠날 때

탯줄을 손에 꼭 쥐고

    다시 흙으로 돌아갔으면 좋겠다.

그래서 그 줄을 쫓아

다음 생에는 내가 부모가 되어

이 생에 받은 은혜를 갚아보고 싶다.

모두 다 가질 수 없다

사람이 모두 다
가질 수는 없다.

무엇 하나 포기하지 않고
모두 다 가지려고 하는 것이 욕심이다.

날씬해지고는 싶지만
맛있는 건 포기하기 싫고
건강하고 싶지만
운동은 하기 싫고
돈은 많이 벌고 싶지만
일은 하기 싫고
공부는 잘하고 싶지만
책은 읽기 싫고
좋은 곳에 취직하고 싶지만
도전하는 것은 두렵고
어른으로 인정받고 싶지만
책임지기는 싫고.

부자가 되고 싶은 건
욕심이 아니다.
다만 노력하지 않으면서
돈을 많이 벌고 싶은 건
욕심이다.

욕심부리지 말고 살자.
한 만큼만 받고 살자.
노력에 정직해지자.

사랑은

사랑은 품에 안는 것입니다.
사랑은 그래서 조건이 없습니다.

내가 가진 생각으로
나의 옳음에 맞춰
내가 세운 기준으로
따지고 나누고 구분 짓고

저 사람은 없이 사니까
저 사람은 임대 아파트에 사니까
저 사람은 장애인이니까
저 사람은 동성애자라서
저 여자는 페미니스트라서
저 사람은 불교도니까
저 사람은 낙태를 했으니까
저 사람은 트랜스젠더니까
저 사람은 이주노동자니까
저 사람은 그 동네 사람이니까
저 사람은 범죄자니까

자신이 정한 기준으로

결국 그 안에서 합격한 사람만을

품어 안겠다는 당신은

시험하는 건가요?

사랑하는 건가요?

온라인 게임

"어르신은 어떤 취미를 갖고 계셔요?"
휠체어를 탄
한 할아버지께 여쭤보았다.

"내 취미? 그… 리니지라고 아나?
인터넷으로 하는 컴퓨터 게임인데,
저녁밥 먹고
일곱 시부터 밤 열 시까지
딱 세 시간 그 게임을 해요.
세 시간 이상 하면 내가 생각하기에
그건 게임 중독이야.
하루에 세 시간은 괜찮아.
거기에 접속해서 들어가면
내가 노인인지
내 나이가 몇 살인지 누가 알아?
애들은 몰라.
그래도 게임을 오래 해서
접속하면 형님 형님,
삼촌 삼촌 그러면서

반갑게 따르는 애들이 있어.

걔들이랑 게임도 하고 사는 이야기도 하고

고민 상담도 해주고 또 가끔

기분 좋으면 아이템도 하나씩 던져 주고

그러면 시간이 금방 가.

거기에선 난 몸 불편한 노인네가 아니니까

　　　그게 참 좋아.

노인 대접 안 받아서 참 좋아.

그니까 요새 노인들도 게임을 해야 한다니까?

그게 참 좋은데 말이야."

인문학의 세 가지 질문

나는 누구인가?
어떻게 살 것인가?
어떻게 죽을 것인가?

이 세 가지 질문은 오직
죽음 앞에서만 가능하다.

죽음 앞에서는 나를 속일 수 없다.
죽음 앞에서는 거짓됨 없이
있는 그대로의
나를 바라볼 수 있다.

사람은 살아온 모습 그대로 죽음을 맞이한다.
죽음을 통해 우리는
어떻게 살지
어떻게 죽을지를
고민해볼 수 있다.

어떻게 사는 것이 후회 없을지

어떻게 살아야 죽음 앞에 당당할지

하기에 당신은 누구인가?
당신은 어떻게 살고 있는가?
당신은 어떻게 죽을 것인가?

이 질문에 답하기 위해
나는 인문학을 공부한다.

꼬라지대로 살다가

그래,
꼬라지대로 살다가
꼬라지대로 가는 거여.

그니께
다들 팔자대로 살다
죽는 거라니께?

술 좋아하는 놈들은
죽기 전까지도 술을 마셔뿔고
담배 좋아하는 놈들은
저 봐봐 죽는다 그래도
담배 한 대라도
더 피고 싶어 하잖아.

사람이 독혀. 안 변해.

그니까
가수들은 노래하다 죽어야 좋다고 하고

배우들은 연기하다 죽어야 좋다고 하고

그림쟁이들은 그림 그리다가

글쟁이들은 글 쓰다가

그래 문드러져야 잘 죽는 거시여.

그니까 니는 뭐하다 죽을려고?

뭔 꼬라지로 살다고

뭔 꼬라지로 죽을껴?

매일

죽음이 따로 있는 게 아니다.

어제의 내가 죽어야
오늘의 내가 있고
오늘의 내가 죽어야
내일의 내가 있다.

어제의 피부가 죽어야
오늘의 새살이 돋고
어제의 치아가 빠져야
오늘의 새로운 치아가 솟는다.
그렇게 우리 몸은
죽었다 살았다
빠졌다 솟았다
닳았다 성기다를 반복한다.

그러므로
평생 그렇게 바뀌어 온
어제의 나와

오늘의 나는
같은 이가 아니다.

그렇게 죽음은
삶의 끝에 아니라
매일 매일 일어난다.
매일이 곧 삶과 죽음이다.

그러니
바보 같던 어제의 나도
부족했던 어제의 나도
미워했던 어제의 나도
실망했던 어제의 나도
매일 그렇게 떠나보내고
매일 그렇게 다시 태어나자.

죽음의 공포

제가 가진 죽음에 대한 공포는
죽고 난 다음에 대한 공포예요.
나란 사람은 어디로 갈까.
모든 기억을 잃어버리면 어떻게 될까.
죽고 난 다음에는 어디로 갈까.
과연 사후세계는 존재할까.
천국은 어떤 곳일까.
지옥에 가면 어떻게 될까.

반대로 이렇게 생각해보면 어떨까요?
죽으면 아무것도 없다고 생각해보면요?
그렇다면 우리는 죽음을 경험할 수 없습니다.
죽음의 공포를 느낄
나란 존재 자체가 사라지기 때문이죠.
느낌이란 것은 '나'라는 존재가 있어야
　　　성립되잖아요?

죽고 난 다음에 반드시
천국이 있다, 다음 생이 있다

생각해서 위안을 얻으시는 분들도 있지만
반대로 아무것도 없다고 생각할 때
우리는 또 다른 위안을 받을 수 있어요.
죽음에 대한 공포도
살아있으니 느낄 수 있는 거예요.

그러니 너무 걱정하지 마세요.

죽음을 두려워한다는 것
그게 바로
우리가 살아있다는 증거니까요.

다 같이 죽으면

나만 죽는다고 생각하면 억울하지만
어느 날 소행성이 지구와 충돌하여
한날 한시에 다 같이 죽음을 맞이한다면
그때는 조금은 덜 두려울까.

마치 영화 속 한 장면처럼
TV 뉴스에서는 카운트다운을 하고
가족, 연인들은 서로 끌어안고
또 누군가는 교회와 절에 모여
신에게 구원을 청하고
다 같이 숙명처럼 죽음을 기다리는 모습.

인류 역사 이래 수억 명의 사람이 죽었고
누구 하나 죽지 않는 사람이 없는데
굳이 나만 죽는 게 아니구나.
그래도 한날 한시에 죽으니 조금은 낫지 않을까.
조금은 두려움이 덜해질 것 같지만
그래도 역시 죽음은 두렵다.
다 같이 한날 똑같이 떠난다 하더라도.

결국 가는 순서만 다를 뿐

우리는 모두 다 같이 죽는다.

걱정하지 마, 다 혼자 죽어

미혼인 친구가 말했다.

"뭐 지금이야
어디다 손 안 벌리고
혼자 돈 벌어서 쓰고
내 손으로 밥 먹고
내 발로 움직일 수 있지만
상상해보면
이렇게 앞으로도 혼자라면
나이 들어 노인이 됐을 때
죽음을 맞이할 때
요양원에서 마누라 없이
자식들도 없이
혼자 쓸쓸히
죽음을 맞이하지 않을까 싶어.
그게 가장 걱정 돼."

그러자 다른 친구가 말했다.

"걱정하지 마.

결혼하면 행복하게 죽을 거 같애?

요새 보니까

가족들 있어도

재산 없으면 서로 안 모시려 하고

치매에 걸리면 요양원에 맡기고

재산 있으면 머리맡에서 유산 갖고 싸우고

빚이 있으면 죽어도 시신 인수 거부하고

가족이 더 거추장스럽고

마음에 짐이 될 수 있어.

가족이 꼭 마지막을

지켜줄 거라 생각하지 마.

가족 있어도 혼자 죽는 게

요즘 세상이야."

마지막 연주회

20여 년 동안
교향악단에서 활동해오신
바이올리니스트

말기 암으로
호스피스 병원에서
삶의 마지막을 앞두고 있다던 뉴스

그리고 아픈 몸을 이끌고
마지막 연주회를 열었다.

몸뚱어리와 같은
바이올린을 들고
자신이 살아온 삶을
선율로써 증명해내고 있다.

연주를 마친 후
행복했다고 말한 그녀

가수는 노래를 하다 죽으면
잘 죽는 거고
배우는 연기를 하다 죽으면
잘 죽는 거라던데

나는 죽기 직전
무엇을 하고 싶을까

무엇을 하고 죽어야
잘 죽을 수 있을까

무엇을 해야
잘 살 수 있을까

두 가지 선택

우연히 보았던 TV 뉴스에
시한부 말기인
두 환자의 선택이 보도되었다.

삶이 얼마 남지 않은
두 명의 20대 여성

한 명은 안락사를 통해
남은 삶을 포기하고
원하는 시간에
원하는 장소에서
원하는 사람들과
죽음을 맞이하길 원했고

또 한 명은 죽음 앞에서
아픈 몸을 이끌고도
자신의 오랜 소망이었던
농구선수의 꿈을 이루고자 하였다.

죽기 전에 죽기를 바랄 것인가.

죽기 전까지 살기를 바랄 것인가.

건배

술을 참 좋아하는 사람들이 많다.

일본의 모리아 센얀이라는 선승은
다음과 같은 묘비명을 남겼다.
"내가 죽으면 술통 밑에 묻어줘.
운이 좋으면 밑동이 샐지도 몰라."

임종을 앞두고도 그런 이들이 있었다.

미국의 한 병원에서
임종을 앞둔 노인이
침대에 누워 가족들과 함께
마지막 소원으로
좋아했던 맥주를 먹고 싶다며
다 같이 맥주를 한 잔 들고
건배를 외치는 사진이 보도되었다.

그러자 그 사진을 본
어떤 노인은 임종을 앞두고 와인과 시가를

어떤 노인은 임종을 앞두고 뱅쇼를

어떤 노인은 임종을 앞두고 좋아했던 차를

사랑하는 이들과 함께

좋아했던 마지막 술 한잔을 마시며

이번 생의 굿바이 키스를 날리고

평화롭게 세상을 떠났다.

그러니 누군가 술을 참 좋아한다면

떠나고 난 다음 제사상에 술 한 잔보다

떠나기 전에 술 한 잔을 들고

함께 잔을 부딪친다면

떠나가는 이와 떠나는 이 모두에게 기억에 남을

아름다운 삶의 뒤풀이가 될 수 있지 않을까?

이. 생. 망.

이. 생. 망.
인터넷에서 그리고 SNS에서
젊은이들이 쓰는 말이다.
"이번 생은 망했어"의 줄임말.

그런데 죽음을 공부하며
종교와 사후세계를 살펴보니
이번 생이 좋아야
다음 생도 좋고,
이번 생이 망하면
다음 생도 망했다.

너의 전생을 알고 싶다면
지금의 너의 모습을 보라.
너의 내생을 알고 싶다면
지금의 너의 모습을 보라.

지금의 너의 모습이
전생의 결과물이요,

지금의 너의 모습이
내생의 씨앗이다.

이번 삶을
거두는 삶으로 살 것인가,
뿌리는 삶으로 살 것인가.

그러니
이번 생을 잘 살아야
다음 생도 잘 살 수 있다.

죽음에 대한 두려움

흔히 죽음을 생각하면
검은색을 떠올리며
갑갑한 관속에 갇히거나
어두운 땅속에 묻히는 장면을 연상하지만

죽음 직전까지 갔다가 살아 돌아온
임사체험자들의 증언에 따르면
죽음 이후에 어두운 터널을 지나
따뜻하고 아름다운
환한 빛을 마주했다고 한다.
태어나서 결코 겪어본 적 없는
인간의 언어로는 결코 표현할 수 없는
아름다운 눈부심에 벅찬 나머지
그래서 다시 몸으로
돌아오고 싶지 않았다고 한다.

호스피스 병원에서 임종을 앞둔
말기 암 환자들을 돌봐주시는 수녀님들은
환자의 임종이 다가오면

마치 아기를 품에 안은 엄마들처럼

그들을 품에 안고 토닥거리며

이렇게 마지막 인사를 나눈다.

"두려워하지 말고

그동안의 마음의 짐들을 내려놓고

눈앞에 보이는 환한 빛을 쫓아가셔요."

문득 죽음이 두려울 때

아름다운 빛을 만나

원래 있던 곳으로 되돌아간다 생각하면

두려웠던 마음이

조금은 환해지며 따뜻해진다.

아이들의 죽음

아이들의 죽음을 지켜본
호스피스 관계자들은
아이들이 어른들보다
죽음을 더 잘 받아들인다고 한다.

마음 아프지만
안타깝지만
어른들보다 더 해맑게
행복하게 편안하게
삶의 마지막 순간을
받아들인다고 하다.

또 때론 아파하고
걱정하는 부모님과
가족들을 위로하며
마지막 선물을 남길 때도 있다고 한다.

어른들보다
아직 마음에 때가 덜 타서일까.

가진 게 적어서일까.

미련이 덜해서일까.

일생을 살아온 어른들은

덕지덕지 때가 묻어

가진 걸 내려놓지 못해

아쉬움이 많아 죄책감이 많아

아직은 못 가겠다

억울해하며 떠나는데.

예수님 말씀이 맞다.

천국엔 어린아이와 같은 사람들이 갈 수 있다.

아이들은 분명 천국에 바로 갈 것이다.

놀이

어느 종교에서는
다음과 같은 이야기가
전해 내려온다고 한다.

사람이 죽으면 영혼의 세계에서
이 세상에 살면서 만났던 사람들과
언젠가 다시 한번 다 같이
한자리에 모인다.
동그랗게 둘러앉아
지난 삶에서 자신에게 일어났던 일들을
회상하며 배움을 나누기도 하는데
그 이야기를 하며 모두가 웃고 즐거워한다.
지난 일을 겪으며 자신들의 모습이
너무나 어처구니 없었기 때문이다.

이렇게 죽을 운명인데 그것을 잊고
작고 사소한 일에
흥분하고 화내며
작은 것들에 집착하고

삶은 놀이라는 사실을 잊고
매사에 너무 심각하게 살았기 때문이다.
그리고 이 배움을 얻지 못한 영혼은
다음 생에 다시 한번 태어나
이 같은 교훈을 배워야 한다고 한다.

그러니 매사에
너무 심각하게 살지 말자.
진지하게 살지 말자.
연습 삼아 살자.

그곳에서는
이번 생이 단지 놀이일 뿐
괜스레 아등바등 힘주고 살지 말자.
열심히 놀지 말자.
재미있게 놀자.

로또 인생

어느 날 길을 걷다가
로또 1등 당첨으로 유명한
    복권 판매점을 발견했다.
그 앞에는 로또를 구매하려는 이들이
긴 줄을 서서 기다리고 있었다.

혹시나 하는 마음에 나도
줄의 끄트머리에 서서 기다리다가
주머니 속 만 원 한 장을 꺼내어
로또 만 원어치를 샀다.
그리고 비닐 케이스에 넣어
    안주머니에 소중하게 넣어두었다.
또 혹시 잃어버릴까 스마트폰으로
    촬영을 해두었다.

로또 발표일은 이번 주 토요일
그 로또 한 장을 품에 안고
마치 당첨이라도 된 것처럼
상상 속의 일주일을 보낸다.

가족들한테는 알려야 하나?

당첨되면 집을 사야지, 차는 무엇으로 바꿀까.

어느 단체에 후원을 할까.

아니면 모든 걸 접고

시골로 내려가 전원생활을 시작할까.

마치 당장 내일이라도 로또가 당첨된 듯

매일이 설레고 또 두근거렸다.

그리고 토요일 밤이 돼서야

낙첨된 로또 용지를 보며

역시나 그러면 그렇지,

나보다 더 힘든 사람이 당첨되어야지,

일주일 꿈값이라 생각하며 스스로를 위로했다.

하지만 너무 생생했던 상상은

마치 그런 삶을 한번 살아본 기분이었다.

문득 책상 앞의 경전 한 구절이 보인다.

"삶과 죽음의 윤회는 따로 있는 것이 아니라

한 생각 일으키고 사라지는 데서 온다."

그래, 살아봤으니 됐다.

바코드

자해 청소년들의 팔목에
칼로 그은 자해 상처를
바코드라고 한단다.
물건을 살 때 점원들이 찍어대는
상표의 줄무늬 바코드를 닮아서

그리고 어느 밤
페이스북 그룹에는
자해를 한 사진들이
뚝뚝 피를 흘리며
모니터를 바라보고 있었다.

왜 자해를 하니?
아프지 않아?
안 하면 안 될까?
다른 방법도 있지 않을까?
물었더니

밥 먹었을 때 체하면

바늘로 손을 따서 피를 내잖아요

그거랑 마찬가지예요.

칼로 팔목을 그으면

그래서 따뜻한 피가 흐르면

그제서야 마음이 좀 시원하더라구요.

숨통이 트이더라구요.

그제야 살 것 같더라구요.

아이들의 대답은

오직

살기 위해서였다.

그렇게 해서라도

살겠다는 아이를

차마 말릴 수가 없었다.

종이학

학 천 마리를 접으면
소원이 이루어진대요.

두 아들이
먹고살기 힘들어
스스로 목숨을 끊자

자식 먼저 보낸 애미가
무슨 낯짝으로 살아있느냐며
따라 죽겠다고 목을 맸다가
실패한 할머니 한 분이

듣는 둥 마는 둥
죽지 못해 산다고 하더니

소원이 이루어진다는
종이접기 강사의 말에
귀가 번쩍 뜨여

다 닳고 굽어진 나뭇가지 같은
손가락을 꼬부려

복지관에 와서는
종이접기 시간마다
학을 접는다.

학 천 마리 접으면
무슨 소원 비시게요?

우리 애들 천국 가게 해달라고.
거기서는 안 아프게 해달라고.
다음에는 부자 엄마 만나게 해달라고.

유기견 그리고 할머니

살 이유가 없다고
몇 번이나 자살을 시도했지만
번번이 실패하셨던
할머니 한 분에게
이웃집 할머니가
유기견 한 마리를 맡겼다.

처음에는 귀찮다고
거들떠도 안 보던 할머니는
어느 날 문득
하루 종일 자신만을 쫓아다니는
강아지를 물끄러미 바라보더니

씻기고
재우고
산책시키고
또 얼마 뒤에는 아기처럼
포대기로 등에 싸매고
시장 바닥에 나타나기 시작했다.

사람들은 개어멈이라 놀렸지만
아랑곳하지 않고 애지중지하셨다.

몇 달 뒤 자살예방센터
담당 사회복지사가
할머니 요새는 자살 생각 안 드세요?
라고 여쭤보니
나 죽으면 쟤는 어쩌라고.
쟤는 누가 밥 주고 키우나.
쟤 때문에라도 살아야지.
그래, 한번 살아보겠다고.

할머니에게 그렇게
살아야 할 이유가 생겼다.

Chapter 2.
고통이 알려주는 일상의 행복

착한 사람들

너무 착하게 살지 마.
여기 암 병동 오는 사람들 보면
다 물렁물렁하고
순해 빠진 사람들이야.

독한 사람들은 암에 안 걸려.
참는 거 없이 할 말 다하고
할 거 다하고
자기 거 손해 안 보고
악착같이 살거든.
자기밖에 모르거든.
지 몸뚱이에 좋다는 건
남들 입에 들어간 거라도 뺏어서
어떻게든 챙겨먹거든.

착한 사람들은 할 말도 못 하고
남들한테 퍼주면서 뺏기면서
자기한테 쓰는 돈은
아까워서 벌벌 떨고

그저 일밖에 모르다가
남 좋은 일 하다가
자신 손에 든 것도 뺏겨서
이렇게 억울하게 암에 걸리는 거여.

그니까 너무 착하게 살지 마.
착한 사람들이 골치 아파.
나쁜 사람들은 남의 말 듣는 귀는 닫고 자기 말 할
　　입만 여는데,
착한 사람들은 자기 말 할 입은 닫고 남의 말 듣는
　　귀만 열어.
그러니까 남들만 알지 자기를 몰라.

자기 마음에 소리를 들으라고.
그래서 자기를 위해서
조금 못되게 살라고.
남들한테 말고
자기한테 착하게 살라고.

다른 사람의 콧구멍으로

다른 사람의 눈으로
나의 세상을 바라보지 말자.

다른 사람의 입으로
나의 삶을 말하지 말자.

다른 사람의 귀로
나의 이야기를 듣지 말자.

다른 사람의 손으로
나의 삶을 만들어 가지 말자.

다른 사람의 기준으로
나의 모습을 재단하지 말자.

다른 사람의 발걸음으로
나의 미래를 걸어가지 말자.

다른 사람의 콧구멍으로
나의 숨을 쉬지 말자.

다른 사람의 삶을 살다가
나의 죽음을 맞이하지 말자.

완벽주의자

완벽주의는 가장 높은 수준의 자기 학대라는
그 말을 듣는 순간
마음 한 켠이 움찔했다.

남들이 보기엔
별거 아닌 것에도
티도 안 나는 것에도
완벽하지 않으면 성이 차지 않아
나름대로 공을 들여
몇 시간씩 시간을 잡아먹는다.
스스로를 갈아넣는다.

적당히 하면 될 것을
남들은 어차피 봐도 모를 것을
그런다고 누가 알아줄 것도 아닌 것을

아무도 강요하지 않았는데
자신만의 기준을 세워놓고
마음에 들 때까지

자신을 몰아세우고
끊임없이 앞세운다.

물론 자신이 맡은 일에
최선을 다하는 것도 중요하지만

지나친 완벽주의는
자신에 대한 학대다.

모든 것이 늘 완벽할 수는 없다.
모두에게 완벽할 수는 없다.
삶이 늘 완벽할 수는 없다.
그리고 완벽하지 않아도 된다.

그래도 괜찮다는 걸
뭐든지 적당해야 한다는 걸
그래야 내가 편하다는 걸 깨닫는 요즘.

도움을 요청하는 용기

반지하에서
고시원에서
쪽방촌에서
도와달라는 말 한 마디 하지 못한 채
물 한 모금
밥 한 숟갈 뜨지 못하고
쓸쓸히 굶어 죽어간 이들의 소식을
자주 접하곤 한다.

도움을 청할 수는 없었을까?
나 좀 살려달라고
배가 너무 고프다고
일이 하고 싶다고
외롭다고 슬프다고
도움을 청할 수는 없었을까?

목소리가 닿지 않아서일까?
짐이 되고 싶지 않아서일까?
누구도 듣지 않기 때문일까?

자존감이 낮고
자존심이 센 사람들은
도움을 부탁하는 것을
부끄러워하고 어려워했다.

자존감이 높아야
주는 것도 잘 줄 수 있고
받는 것도 잘 받을 수 있다.

도움 좀 줄 수 있지.
도움 좀 받으면 어때.
나도 다음에 도와주면 되지.

도움을 청할 줄 아는 용기가
삶을 살아가는 용기다.

살고 싶어 했고 죽고 싶어 했다

자살로
삶의 마감을 앞둔 이들은
죽기를 바랐다.
더 이상 살 이유가 없다고 했다.

말기 암으로
삶의 마감을 앞둔 이들은
살기를 바랐다.
나에게는 살 이유가 있다고 했다.

삶이 두려웠던 이들은 죽고자 했고
죽음이 두려웠던 이들은 살고자 했다.

살아야 할 이유가 없는 이들은 죽고자 했고
살아야 할 이유가 있는 이들은 살고자 했다.

사는 이유를 모르고 살았던 이들은
죽음의 이유조차 납득하지 못했다.

왜 살아야 하는지 아는 사람은

그 어떤 고난도 이겨낼 수 있다던

니체의 말처럼

결국 삶의 목적은

왜 살아야 하는지

그 이유를 찾는 것이다.

당신은 왜 살고 있는가?

일상을 유지하는 힘

말기 암 판정을 받고서도
임종을 앞두고도
일상의 삶을
살아온 모습 그대로
살아가는 이들이 있다.

당장 내일 떠나도
여한이 없다는 듯
매일 아침 일어나
평소의 모습대로
하루의 일과를
그대로 보내는 이들.

살아온 모습 그대로
농사를 짓고
식당을 열고
청소를 하고
기도를 하는 이들.

매일의 단순한 일상이 반복되어
삶에서 중요하지 않은 것들은
모두 떨어져 나가고
중요한 것들만 남아
단순하지만 소박하게
소박하지만 단단하게
그렇게 삶이 되었다.

내일 지구의 종말이 오더라도
오늘 한 그루의 사과나무를 심겠다던
스피노자의 말처럼

당신의 오늘 하루는 어떠했는가?

이해하면 용서가 된다

네가 어떻게 그럴 수 있어?
남들은 다 그래도
네가 나한테 그러면 안 되지!

섭섭하고 서운했던 일들이
그래서 상처받았던 일들이
미워했던 일들이

그 사람이 왜 그랬었는지
어떤 사정이 있었는지
왜 그럴 수밖에 없었는지
이해가 되면
쾅쾅 얼어붙었던 마음이
스르르 풀리며 용서가 된다.

용서하기 위해선 먼저
이해해야 한다.
이해하기 위해선 먼저
들어야 한다.

듣기 위해선 먼저

마주해야 한다.

그리고 마음을 열어야 한다.

21일

3주, 21일
호스피스 병동의 평균 생존기간
스물한 개의 해와 달이
머리맡에 빛나고 있다면

내 몸을 장식하던
온갖 것들은 떨어져 나가리.
지갑 속에 돈은 숫자가 될 것이고
견장도 명패도
뱀의 허물처럼 벗겨지던 날
모든 것을 벗어내고
세상 처음 왔었던 그때의 모습으로.

다시 침대 위에
다시 알몸으로
다시 울 것인가,
이제는 웃을 것인가.

수의엔 주머니가 없어

아무것도 가져갈 수 없는데

담을 수 있는 건 고작

눈에 담은 모습과

귀에 담긴 소리와

곁에 있는 이들의 손길뿐

지난날의 시간과

시간 속의 기억뿐.

21일의 시간

그날의 마지막 날

무엇을 들고 왔느냐 묻는다면

무엇을 꺼내 놓아야 할까.

그대 그 상처에 머물지 말라

요양원에서
치매를 겪고 있는
노인들의 모습을 살펴보면
그들은 매일 매일
과거의 기억으로 살아간다.

노인임에도 불구하고
아빠가 보고 싶다며
아이처럼 우는 할머니,
아들 밥상을 차려줘야 해서
집에 빨리 가야 한다며
보따리를 싸는 할머니,
논에 물을 대러 가야 한다며
억시게 고집을 피우시는 할아버지.

과거의 기억이
좋은 기억이 많은 노인은
치매에 걸려도 편안한데

과거의 기억이
아픈 기억이 많은 노인은
치매에 걸려도
힘들고 아픈 기억으로
매일을 살아간다.

그러니 그대
그 상처에 머물지 말라.
언젠가 먼 훗날
그대가 곱씹고 있는 그 상처가
무의식에 새겨져
당신의 매일이 될지 모른다.

아픈 상처를 털어내고
고운 매일을 살아가라.

나눔

말기 암 투병을 하는 환자들은
자신의 병이 나을 수만 있다면
그리고 살아날 수만 있다면
남은 생을 정말 착하게
봉사와 나눔의 삶을 살아가겠다고 말했다.

임종을 앞둔 이들은
자신의 지난 삶에서
조금 더 나누지 못하고
조금 더 베풀지 못했음을 후회했다.

웰다잉을 공부하면서
좋은 죽음을 위해
반드시 필요한 것이
봉사와 나눔이라는 것을 깨달았다.

그래서 항상 마지막 수업은
봉사와 나눔의 이야기를 함께 나눈다.

암 투병 환자들이

임종을 앞둔 이들이

가장 후회하는 것이

봉사와 나눔을 실천하지 못한 것이라면,

우리는 그때를 후회하기보다

지금 건강할 때

살아있을 때

내 손으로 내 발로

누군가를 도울 수 있을 때

돕고 나누고 베풀고 사는 것이

조금 더 보람되지 않을까?

나눌 수 있는 가장 좋은 때는

나중이 아닌 늘 오늘이다.

한 사람

세상 단 한 명
그의 손을 꼭 잡고
그의 눈을 마주하며
5분이고 10분이고 한 시간이고
그의 이야기를 들어준다면.

그래서 그의 품에 기대
하염없이
엉엉 소리 내어
답답했다고
힘들었다고
나도 잘 살고 싶었다고
그렇게 우는 이가 있다면.

그래서 그를 품에 안고
괜찮다고 고생했다고
좋아질 거라고
내가 들어주겠다고
같이 있겠다고

그러니까 무슨 일 있을 때

언제라도 전화하라고

배고프지 않냐고

우선 밥부터 먹자고

같이 울고 웃고

그렇게 위로하는 이가 있다면.

그런 사람이

단 한 명이라도 있다면

그는 죽지 않을 것이다.

눈을 열어 보고

입을 열어 묻고

귀를 열어 듣고

마음 열어 안아준다면.

장애인 목욕탕

동네 목욕탕을 자주 다니던
장애인 단골 한 분이 계셨는데

어느 날 목욕탕에 가보니
사장이 말하기를

"저짝 건너편에 군에서
장애인 전용 목욕탕을 만들었으니
앞으론 그짝으로 가보소.
거기가 더 편하지 않겠소.
시설도 좋고
우리도 좋고."

장애인을 위해
장애인 전용으로 만들었던 곳이
장애인들만 이용이 가능하면서
장애인들을 몰아두는 곳이 되었다.

노인을 위해
노인 전용으로 만들었던 극장이
노인들만 이용이 가능하면서
노인들을 몰아두는 곳이 되었다.

복지의 목적은
분류하고 구분 지어 몰아두는 것인가,
흩트리고 섞어내어 함께 두는 것인가.

그들끼리 살게 하는 것인가,
서로 함께 살게 하는 것인가.

착각

가난한 사람들이 모두 착하지는 않아.

내가 도움을 주는데 어떻게 그럴 수 있지?
어떻게 고마움을 모를 수 있지?
왜 감사하다는 인사를 하지 않지?
어떻게 뻔뻔하게 더 달라고 할 수 있지?
기준이 되지 않아 탈락한 건데
왜 자기는 주지 않느냐며
민원을 넣을 수 있지?

나는 어려운 사람들을
돕고 싶어서 이 일을 시작했는데
생각했던 거와는 왜 정 반대지?

그래서 지치지? 힘들지?

가난한 사람들이 모두 착하지는 않아.
소수가 늘 정의는 아니야.
여자가 늘 약하지는 않아.

노인은 늘 인자하지 않아.

장애인이라고 늘 도움을 필요로 하지 않아.

아이들이라고 늘 생각이 짧지는 않아.

네가 그 생각들은 내려놓으면

그때야 비로소 그 사람들의

참모습이 보이고

그 사람들을

더 넓게 더 멀리

더 오래 도와줄 수 있어.

사람들을 돕고 싶다면

네 생각을 먼저 내려놔.

수치심

수술을 받고 몸이 너무 아픈 나머지
거동이 어려워 움직일 수가 없어
어렵사리 화장실로 가던 중
실수로 바지에 소변을 찔끔 지린 적이 있었다.
아무도 본 이는 없지만
참 수치스럽고 부끄러웠다.
마흔 넘은 나이에 바지에 오줌을 지리다니
얼굴이 빨개지고 부끄러웠다.

하물며 나이가 들고 몸이 아파
내 손으로 밥을 먹지 못하고
내 스스로 용변을 가리지 못하고
내 스스로 움직일 수 없을 때

부끄러움에 똥오줌을 쌌다
말도 하지 못하고
기저귀를 차고 누워
모르는 이에게 내 몸을 맡긴 채
아이 취급을 받으며

'이 인간은 도대체 언제 죽나'
빨리 죽어 없어졌으면 하는
물건 취급을 받으면서
아랫도리가 발가벗겨진 채
그런 자신의 모습을 바라봐야만 하는

그런 수치심으로 누군가는
스스로 삶을 끝낼 수도 있겠구나
목격한 순간이 있었다.

요양원

늘어서 나이 들어
신세 좀 지면 안 될까?
갓 태어나서
똥오줌 가려주고
젖 물리고
씻기고 재우고
백일 밤낮을 잠을 설치며
그렇게 부모 손에 자라
겨우 사람 구실을 한 것처럼

나이 들어
삶의 마지막 순간에
키워졌던 모습 그대로
어미 아비의
똥 오줌 가려주고
밥 물려주고
씻기고 재우고
밤 잠 설치며
그렇게 아비 어미의

마지막 가는 길을
배웅해주면 안 될까?

마지막에 서로에게
신세를 좀 지면 안 될까?
그렇게 미안할까?
그렇게 어려울까?
그렇게 부담될까?

미안한 자식은 울면서 부모를 요양원에 모시고
미안한 부모는 울면서 어느 옥상에서 몸을 던진다.

서로 미안해하며.

망각은 축복이다

치매에 걸린 노인 중
과거를 잊어버린 노인과
과거를 기억하는 노인
누가 더 괴로울까.

과거를 잊어버린 노인은
아무것도 기억하지 못해
아이 같이 순수해지지만
과거를 기억하는 노인은
그 기억을 차마 잊지 못해
매일을 그 기억으로 살아간다.

늦은 밤 밤새도록
누군가 자신의 통장을 훔쳐갔다며
너희들이 훔쳐가지 않았냐고
바락바락 악을 쓰며 통장 내놓으라는 노인
매일 저녁이면 아들이 있는 집으로
　　가야 한다는 노인
또 새벽이면 아궁이에 군불을 때야 한다는 노인

기억은 곧 그렇게 집착이 되고 삶이 된다.

그래서 망각은 때론 축복이 된다.
신이 우리에게 준 선물일 수도 있다.
좋은 기억도 잊어 집착하지 말라고
아픈 기억도 잊어 슬퍼하지 말라고

그러니 살면서
잊는 걸 두려워하지 말자.
모든 것을 기억하려 하지 말자.

망각은 곧
우리의 상처를 지워주는
지우개일 수도 있다.

너무 주기만 하지 마세요

사회복지사 선생님들
너무 어르신들에게
주기만 하지 마세요.

사람은
받는 것도 좋아하지만
무언가를 줄 때
내가 쓸모 있는 사람이구나
자신의 자존감을
확인할 수 있어요.

그러니 어르신들에게
매번 바리바리
싸다 주기만 하지 마시고
가서 차도 한잔 얻어 마시고
요구르트도 달라 하시고
주머니에 넣어둔 사탕도 받아오시고
밥도 좀 차려 달라 하세요.

매일 받기만 하는 사람은

기가 죽고

주눅 들고

움츠러들고

또 어떤 때는 뻔뻔해져요.

어르신들이 당당하게

떳떳하게 자존감 키우며

사람 노릇

어른 구실 할 수 있도록

그렇게 좀 세워주세요.

받아오세요.

노인들

어떻게 어르신들은
빨간색, 그리고 빨갱이,
공산주의 그러면
아직도 앞뒤 안 가리고
목소리를 높일까?
지금 시대가 어느 땐데…….

어린 시절에
총알이 날아다니고
폭탄이 터지고
길거리에는 시신이 널브러져 있고

살던 고향을 떠나
전쟁으로 부모 형제와 헤어져
모든 것을 잃었던 사람이라면

그 정도면 당연히
그런 마음이 들지 않을까?
아픈 기억이지 않을까?

트라우마를 겪지 않을까?
공산주의라면, 전쟁이라면
지금도 두렵고 무섭지 않을까?

어르신들이 잘못 생각해서가 아니야.
어르신들의 상처가 아직 치유되지 않아서 그래.
아직도 지나간 상처에 머물러서는 안 된다고,
함부로 이야기해서는 안 돼.

그 상처가 이해되지 않는다면
그런 노인들이 이해되지 않는다면
앞으로 한 발자국도 더 나아갈 수 없어.

죽음의 체감

늦은 밤 나를 괴롭히는 모기의 죽음

뜨거운 여름날 아스팔트에 메말라버린

    지렁이의 죽음

산책로 길가에 시들어버린 꽃의 죽음

출근길에 우연히 발견한 길고양이의 죽음

해변에서 발견된 시리아 아기의 죽음

드라마 속 주인공의 죽음

안타까운 사고로 목숨을 잃은 청년 노동자의 죽음

군대에서 목숨을 잃은 군인의 죽음

유명 연예인의 죽음

전직 대통령과 정치인의 죽음

가족 같던 반려견의 죽음

직장 동료의 죽음

친구의 죽음

친척의 죽음

할아버지, 할머니의 죽음

형제의 죽음

부모님의 죽음

마지막으로 나의 죽음

어디서부터 죽음이 체감되세요?

죽음을 마주하니

멀게만 느껴졌던 죽음을
가까스로 피부로 마주하니

목매던 돈에 관심이 덜어졌다.
주장했던 정치에 고개가 돌려졌다.
빼곡했던 물건들이 불편해졌다.
복잡했던 인간관계가 단순해졌다.
남들보다 나에게로 시선이 돌려졌다.

그렇게 죽음 앞에선
빛나던 것들이 바래었고
뜨거웠던 것들이 차갑게 식었으며
영원할 거라 믿었던 것들이 사그라들었다.

그렇게 죽음은 업경대(業鏡臺)*가 되어
진짜와 가짜를 구분해내었다.

*업경대(業鏡臺): 불교에서 지옥에 있는 염라대왕이 중생의 죄를
비추어 보는 거울

먼 미래보다

오늘 하루,

한 달 뒤가 더 소중해졌다.

별일 없음의 감사함을 깨달았다.

암

네가 암이라고 말했을 때
너를 끌어안고 울었다.

그날 밤
지금까지 해왔던
죽음에 대한 공부가
모두 가짜라는 생각이 들었다.
삶이 어떻다, 죽음이 어떻다,
그저 말로만 떠들었던 이론이었을 뿐
피부 깊숙이 뼛속까지 느껴지는 죽음에
나는 두려움을 느낄 수밖에 없었다.

그때
나는 내가 하는 공부가 싫었다.
죽음이 지긋지긋했었다.
어떻게든 살고 싶었다.
어떻게든 살리고 싶었다.

그럼에도 낮이면
먹고살아보겠다고
사람들 앞에서 뻔뻔히
죽음에 대해 수업을 했다.
수업을 마치고 돌아오는 길,
화장실에 들려 토악질을 해댔다.
가짜로 내뱉은 말을 차마 삼킬 수가 없었다.

그날 이후
머릿속에서만 맴돌던 죽음이
내 등 뒤에 매달려
그림자처럼 나의 뒤를 쫓아다녔다.
다만 나는 모른 체할 뿐
언제든 고개를 돌리면
늘 죽음은 그렇게 나를 지켜보고 있었다.

그리고 다시 진짜 공부가 시작되었다.

형벌

"도대체 우리 남편이
뭐를 잘못해서
이렇게 데려가냐구요."

"세상 법 없이도 살
우리 엄마인데
왜 이런 벌을 받아야 되냐구요."

"열심히 살았는데
제가 하필 이렇게
억울하게 죽어야 합니까."

언제부턴가 사람들은
죽음을 형벌이라고 생각한다.

자신에게
주위 사람들에게
사랑하는 사람들에게
절대 일어나서는 안 될

나쁜 사람들이 받아야 할
형벌이라고 생각한다.

형벌이라고 생각하니
받아들일 수 없고
용납할 수 없다.

하지만
죽음은 형벌이 아니다.
착한 사람이든
나쁜 사람이든
누구나 맞이할 수밖에 없는

죽음이 형벌이라면
우리의 삶은 죄일 뿐이다.

D-day

죽음의 날짜를
미리 알고 싶냐고
신이 물어보자

알고 싶지 않다고 했다.
알고 싶다고 했다.

신을 원망하는 이도 있었고
신께 감사하는 이도 있었다.

미리 안다면
하루하루가 두려울 것 같다고 했다.
끝을 알았으니
마음껏 살아보고 싶다고 했다.

그래서 죽음은 누군가에게
불현듯 찾아오는 쪽지시험처럼
학기 말에 찾아오는 기말고사처럼

준비하지 못한 채
열심히 준비한 채
그렇게 찾아왔다.

그리고 시험을 마친
인생의 선배는
먼저 태어난 이가 아닌
먼저 떠나간 이였다.

작은 죽음

삶의 끝에 죽는 게 아니다.
매일이 죽음의 연속이다.
죽음은 삶의 끝이 아니라
오늘과 내일
이번 주와 다음 주
이번 달과 다음 달
올해와 내년
삶의 사이사이에 있다.

우리는 매일 아침
꿈에서 깨어나 태어나고
꿈으로 잠들며 죽음을 맞이한다.

또
정들었던 곳을 떠나거나
다니던 직장을 퇴사하거나
아끼던 물건을 잃어버리거나
사랑하는 연인과 헤어지거나
크게 아프거나 다쳤을 때

만나고 헤어지는 작별을 통해
삶에서 매일 작은 죽음을 맞이한다.

죽음을 연구한 엘리자베스 퀴블러로스는
삶에서 작은 죽음을 잘 겪어내야
큰 죽음도 잘 이겨낼 수 있다고 말했다.

매일의 이별과 죽음을 잘 맞이해야
우리는 잘 살 수 있고
또 잘 죽을 수 있다.

최후의 만찬

미국의 교도소에는
사형수들에게 사형 집행 직전
마지막으로 먹고 싶은 음식을 제공한다.
이른바 최후의 만찬.

누군가는 치킨을
누군가는 스테이크를
누군가는 햄버거를
누군가는 베스킨라빈스 아이스크림을
그리고 누군가는 콩 한 조각을

거룩한 한 그릇으로
배를 채우고
저승길로 나선다.

어르신들과 수업 도중
죽기 전 마지막 음식을 먹는다면
무엇을 먹을지 써본다.

달짝지근한 돼지갈비

새콤달콤한 냉면

구수한 된장찌개

싱싱한 회

시원한 맥주 한 잔

삶의 마지막 순간

마지막 한 끼를 먹는다면

평생 동안 닭갈빗집을 운영하신

그래서 내겐 집밥과도 같은

어머니의 닭갈비를 먹고 싶다.

그렇게 맛은

삶이고 기억이자

추억이고 인생이다.

시타림(尸陀林)*의 수행자

오래전 인도에서는
천한 이들이 죽으면
장례도 치르지 않은 채
시타림이라는 숲에 내다버렸다.

널브러진 시신과
썩어가는 살덩어리를 지켜보며
죽음을 들여다보던
시타림의 수행자들처럼
오늘도 나는 지하 골방에서
죽음을 들여다본다.

병마에 스러져 가는 이들과
차마 꽃피우지 못한 생명들과
밧줄에 목을 매고
옥상에서 뛰어내린 이들과
지하실 한 켠에서

*시타림(尸陀林): 과거 부처님 시대 때 시체를 버리던 숲

발견조차 되지 못한 이들을
유리관에 담아

부서지고 뭉그러지고
썩어가고 찢어지는 살결을
돈에 물든 누런 고름과
뜨거웠던 빨간 피의 딱지와
줄줄 흐르던 추억과 사랑
부풀어 오르던 미움과 분노가
한데 뒤섞여
썩어가는 모습을
독한 시취를
그리고 그 얼굴이 나임을

골목 골목마다
분리수거 되지 못한
죽음을 들여다본다.

이번 생의 시타림에서

이명

삐——————

군대에서 사격을 하던 중
큰 총소리에 이명이 생겼다.
처음에는 며칠 지나면
사라질 줄 알았는데
이명은 사라지지 않았고
여기저기 병원들을 찾아다녔지만
20년이 지난 지금도
쉽게 사라지지 않았다.

24시간 밤새도록 귓가에
삐 소리가 울려퍼지고
특히나 조용한 밤
잠들기 위해 잠자리에 누우면
이명 소리는 더 크게 들려왔다.

현대 의학으로는
이명을 일시적으로 줄여줄 뿐

치료하는 것은 불가능하다고 한다.
몸이 피곤하고 마음이 심란할 때면
이명은 더욱 심해져
몸과 마음을 괴롭히는
악순환이 반복된다.

그러던 어느 날 문득
이명은 내가 죽으면 끝나겠구나
그때는 세상이 조용해지겠구나
라는 생각이 들었다.

그러자 불편했던 죽음이
조금은 가깝게 느껴졌다.
구원처럼 느껴졌다.

학교에서 가르쳤으면 하는 것들

사랑하는 금붕어와 햄스터와
강아지를 떠나보낸 아이들에게
죽음이란 무엇인지 말해줬으면 좋겠다.
생명이란 무엇인지, 어떻게 태어나고 죽는지
함께 이야기 나눴으면 좋겠다.
할아버지, 할머니를 떠나보낸 아이들에게
그분들이 어디로 갔는지, 정말 하늘나라에 있는지,
다시 만날 수 있는지를 말해줬으면 좋겠다.

교통사고로 세상을 떠난
친구를 떠나보낸 슬픔을
함께 나누고 위로하는 방법을 가르쳤으면 좋겠다.
학업에 대한 부담, 따돌림,
　　학교폭력, 우울증 때문에
극단적인 선택을 하려는 친구를 알아보고
친구의 이야기를 묻고 귀를 기울이는 방법을
가르쳤으면 좋겠다.
그래서 어떻게 어른들에게
도움을 부탁할 수 있을지 가르쳐줬으면 좋겠다.

자살의 유혹 속에서
그럼에도 불구하고
왜 우리는 포기하지 않고 살아야 하는지,
삶의 이유는 무엇인지,
삶은 마지막 페이지를 넘길 때까지
　　끝난 것이 아니라는 것,
모든 꽃이 봄에 피는 건 아니라는 것을
가르쳐줬으면 좋겠다.

부모님을 떠나보낸 친구에게
어떤 말을 건네야 할지, 어떻게 위로해야 할지
가르쳤으면 좋겠다.
장례식이 끝난 다음에도
오랜 슬픔에 젖어있는 친구에게
어떻게 힘이 되어줄 수 있는지
가르쳤으면 좋겠다.

엄마를 떠나보낸 아빠와,
아빠를 떠나보낸 엄마,
그리고 엄마 아빠를 떠나보낸 자녀들이
어떻게 서로를 위로하고
살아가야 하는지 가르쳤으면 좋겠다.

또 먼 훗날 나의 죽음이 다가온다면,

말기 암 판정을 받게 된다면,

어떻게 받아들이고 치료해야 할지,

치료가 더 이상 효과가 없다면

　　　어떤 선택을 해야 할지,

어떻게 해야 안 아프게 인간답게 죽을 수 있을지

가르쳤으면 좋겠다.

자녀들에게는 부모의 무의미한

　　　연명의료에 대해 생각해보고

어떻게 부모님의 뜻을 지켜드릴지

　　　가르쳤으면 좋겠다.

눈을 감은 이후에 장례식과

남은 이들을 위해 무엇을 정리하고

어떤 것을 남겨야 할지

어떤 절차들이 있는지 가르쳤으면 좋겠다.

또 죽음 이후에도 정말 다음 생이 있는지

영혼이란 것이 존재하는지 알려줬으면 좋겠다.

그러므로 결국엔 죽음을 통해서

　　　삶을 가르쳤으면 좋겠다.

죽음을 통해 우리 앞의 소중한 것들은 무엇인지,

사랑하는 이들은 누구인지,

어떻게 용서하고 화해하며
　　　삶을 누리고 살아야 할지,
그래서 어떻게 사는 것이 잘 사는 것인지를
학교에서 가르쳤으면 좋겠다.

그렇다면 우리는 조금 더 애타게, 열심히, 더 깊게,
더 뜨겁게 서로를 마주하며
　　　삶을 사랑할 수 있지 않을까.

결국 학교에서 배워야 할 것은
삶과 죽음과 사랑,
이 세 가지를 배우는 것이
인생 학교에서의 목표가 아닐까.

삶의 마지막 성적표에 아로새겨질
그런 것들을 학교에서 가르쳤으면 좋겠다.

치매 노인

요양원 원장님께 여쭤봤다.

"치매를 겪는 어르신들은
돌아가실 때 모습이 어떤가요?"

"일반 암 환자분들 혹은
말기 환자들과 같이
정상적인 인지가 가능하신 분들은
죽음이 다가오면
자신이 죽는다는 사실을 미리 알고
두려워하잖아요?

그런데 치매 어르신들은 사실
그런 인지능력이 없으세요.
자신이 죽는다는 사실을 인지하지 못하죠.
그래서 돌아가실 때도 큰 두려움 없이
주무시듯이 편안하게 돌아가시더라구요.

치매 걸리면 정작 당사자는 편안해요.

지켜보는 주위 사람들이 힘들어서 문제죠.

그런 점에서 보면,

어떻게 보면

죽음 앞에서 치매가

축복이 될 수 있다

가끔 그런 생각이 들어요."

타인의 죽음

호스피스에서 활동하는
자원봉사자 몇 분과 이야기를 나눴다.

"아휴. 여기 계신 분들 보면 참 안됐죠?
죽을 날만 기다리고 있으니.
평소에 건강 좀 신경쓰셨으면 좋았을 텐데.
저는 정말 다행이고 감사한 일이라 생각해요.
그래서 요즘 운동도 열심히 하고 있어요."

또 한 분이 말씀하셨다.

"남의 일이라 생각하지 않아요.
사람이라면 누구나 죽잖아요.
임종을 앞둔 환자분들의 모습을 보며
나 역시도 먼 훗날 그렇게 될 거라
자연스럽게 저의 모습이 그려져요.
그러다 보니 그분들의 아픔이
곧 저의 아픔으로 느껴져요.
그래서 더 한 번이라도 들여다보고

귀 기울이고 손잡아드려요."

죽음 앞에서의 서로 다른 배움.

나는 살아 있어서 다행이다.

그들의 모습이 곧 나의 모습이다.

죽음을 찾아다니는 나는

무엇을 느끼고 배울 것인가.

위안할 것인가.

위로할 것인가.

조로증(早老症)[*]

엄마

왜 난 태어나자마자 다섯 살이야?

초침이 분침처럼

시침이 하루처럼

한달은 두 장처럼

찢겨 나갔던 아이는

자신에게 주어진 하루가

남들보다 더 바삐 지나간다는

사실을 깨닫고

진통제가 없이는

관절염을 이겨낼 수 없었지만

작은 손과 작은 발로

매일을 꼭꼭 눌러 살아갔다.

*조로증(早老症): 어린아이들에게 조기 노화 현상이 나타나는 치명적이고 희귀한 질환

눈에는 더 많은 세상을

귀에는 더 많은 노래를

입에는 더 많은 사랑을 말하던 그 아이는

왕자님 만나기

거북이 보러 가기

돌고래와 수영하기

좋아하는 가수 콘서트 가기

이런 숙제를 마치고

새로운 집으로

아름다운 방으로

웃으며 이사를 떠났다.

100년이나 입었던

작은 옷 하나를

벗어놓은 채

의사 남편 간호사 아내

젊은 의사 한 분이
말기 위암 판정을 받은
TV 다큐멘터리를 보았다.

본인의 암을 치료하기도 급할 텐데.
열심히 건강을 회복하고
가족들과 함께 보내야 할 텐데.

그럼에도 불구하고
암 환우회 카페에서
암으로 고통받는 이들을
진료하고 상담하는 일을 하셨다.
걱정하지 말라고.
나을 수 있다고.
이런 치료 방법이 있다고.
그러니 희망을 가져보자고.

그렇게 마지막까지
의사로 살아온 그는

임종이 눈앞에 다가오자
간호사였던 아내의 품에서
마지막 숨을 내쉬고 떠났다.

환자를 살려왔던
의사의 모습 그대로 살다가
의사의 모습 그대로 떠난

환자를 보살폈던
간호사의 모습 그대로 살피다가
간호사의 모습 그대로 배웅했던

너무나 아름다웠던
의사였던 남편
간호사였던 아내

집에서 모신 오빠의 임종

선생님 수업을 듣고
병원에서 누워
죽기만을 기다리던
오빠가 생각났어요.

코로나 때문에 면회도 안 돼서
얼굴도 못 본 지 오래되었지요.

그래서 용기를 내어서
오빠를 집으로 모시고 왔어요.

햇볕이 잘 드는 거실 한 켠
침대 위에 오빠를 눕히고
미음을 곱게 쑤어
입에 넣어주자
그래도 넙죽넙죽 받아먹더니
며칠 지나니까 얼굴도 말개지고
표정도 환해지고
살이 좀 오르더라구요.

그리고 다음날 새벽에
쌔근쌔근 자면서
편하게 하늘나라로 갔어요.

감사해요, 선생님.
선생님 수업 덕분에
오빠의 마지막을
집에서 모실 수가 있었어요.
떠난 건 안타깝지만
마지막에 한 번이라도
품에 안고 보내줄 수 있어서
밥이라도 한 끼 먹여 보낼 수 있어서
여한이 없어요.

어느 일요일 아침 일곱 시
웰다잉 수업을 들으셨던
한 할머니의 전화 한 통

60세에 가장 많은 돈을

SNS에서 젊은이들에게 조사를 했다.
부모가 몇 세에 돌아가셨으면 좋겠는지
　　물어봤더니
평균 나이 63세에 많은 재산을 남겨놓고
돌아가셨으면 좋겠다는 이야기들.

그래서일까.
어르신들 입에서는
효도계약서를 써야 된다는
이야기가 심심찮게 나온다.

정식 명칭은 조건부 증여 계약서
살아생전에 미리 물려주면
소위 말해 먹고 튀는
먹튀 자식들이 많아서
생전 증여 시에도 계약 조건을 걸어
이를 지키지 않을 경우
반납하게끔 하는 계약서를
효도계약서라고 한다.

강남, 분당, 일산 노인복지관에 수업을 가면
효도계약서를 써놓는 어르신들이 계신다.

결국 부모가 돈이 있어야
자식들도 들여다본다.
어떻게든 부모의 유산을 노리는 자식과
또 자식들끼리는 누가 더 받을 것이냐 하는 다툼과
미리 주면 먹고 튈까봐
끝까지 쥐고 있는 부모의 신경전이

쓸쓸하게도 노년의 삶과
죽음의 모습을 좌우한다.

아들만 준대요

남동생은 결혼하고 나서
먹고살기 바쁘다는 핑계로
어머니 아버지는 모시지도 않고
들여다보지도 않았는데

병원도 내가 모시고 가고
병수발도 내가 들고
집 청소 살림살이 궂은일
내가 다 일일이 살피며 모셨는데

어느 날 말씀하시길
유산을 남동생에게 모두
주고 싶다고 하시네요.

남동생은 어릴 때부터
많이 받고 살고
좋은 것만 받고 살았는데
저는 누나라 늘 양보만 했는데

아들한테는 못 해준 것만 생각이 나고
저한테는 해준 것만 생각이 나시나봐요.

두 분 뜻이 그러하시니
당신들 재산이니
당신들 마음이시지만
섭섭한 마음은 어쩔 수 없네요.
그냥 두 분 마음 편하게 해드려야죠.
법으로 소송이다 뭐다 하는데 그러기도 싫고
돌아가시면 그냥 남남으로 살고 싶어요.

저는 안 그럴 줄 알았는데
진짜 돈 앞에 장사 없네요.

제사

이제는 구태의연한
명절마다 모두를 힘들게 하는
바쁜 매일 속에 거추장스러운
그래서 줄이고 줄여서
시장에서 사다놓은 음식과
약식으로 대체하는
차례를, 그리고 제사를

그래도 나는 지냈으면 싶다.

좋은 날, 기쁜 날
일년에 단 한 번
떠나간 이가 보고픈 날

서랍 속에 올려진 당신 사진 닦아내고
당신이 좋아하던 음식 차려놓고
당신이 살아왔던 기억들을 펼쳐놓고
흉도 보고, 즐겁게 웃기도 하면서

잘 계시죠?

저도 잘 지내요.

저희 잘 살도록 응원해주세요.

열심히 살다가 갈 테니

거기서 기다리고 계셔요.

그때 우리 꼭 만나요.

기억하는 한 살아있다.

그렇게 그래도 난

사랑하는 이가 떠나간 날

밥 한 그릇 지어내어

그 기억을 마주하고 싶다.

나이 듦의 축복

부모님이 점점
나이 들어가시는 게 보여요.
그래서 속상해요.
이젠 우리 엄마 아빠도
할머니 할아버지가 된 것 같아서요.

저는 오히려 부러운데요?

네? 그게 왜 부러워요?

저희 아빠는 제가
스물다섯 살일 때
돌아가셨어요.

그때 우리 아빠는
그래도 젊었었는데
아빠가 나이 들어가는 모습을
지켜볼 수 있었다면
저는 참 좋았을 것 같아요.

나이 들어가는
부모님의 모습을
지켜볼 수 있다는 것

그거, 축복이에요.

슬퍼할 권리

아내가 교통사고로
세상을 떠났어요.
그런데 일곱 살 된 딸을
장례식장에 데려가야 하나
고민이 돼요.
너무 충격받지 않을까
상처받지 않을까 싶어서요.

아흔이 넘은 어머니께서
요양병원에서 투병 중이세요.
그런데 저보다 나이가 많은
큰 형님께서 갑작스럽게
심장마비로 돌아가셨어요.
병상에 계신 어머님께
이 사실을 전해드려야 할까요?
병환이 더 악화되시는 것 아닐까요?

그 마음은 충분히 이해되지만
안타까운 죽음이지만

그래도 엄마와

그리고 아들과

마지막으로 작별할 시간을 주세요.

어른의 생각으로,

보호한다는 명목으로,

그 시간을 뺏지 마세요.

인간은 누구나

슬퍼할 권리,

아파할 권리,

이별할 권리가 있어요.

그 권리를 빼앗지 말아주세요.

산 사람은 살아야지

그래도 어떡하겠어.
산 사람은 살아야지.
시간이 지나면
다 잊혀.
당신만 그런 게 아니야.
그러니 마음 단단히 먹어
애들도 생각해야지.
이제 가장이야.

알아요.
저도 살아야 된다는 걸 알아요.
그런데 시간이 지나가면
잊힌다고 하는데
문제는 시간이 멈췄어요.
시간이 안 가요.

고통스러운 시간은 왜 그렇게 더디게만 가는지
잠이 오지 않는 밤은 왜 그렇게 또 긴지
이른 아침 다시 또 뜨는 해는 왜 그렇게 따가운지

먹기 싫은 밥시간은 왜 그렇게 쉬이 돌아오는지

사는 게 중요한 게 아니라
어떻게 사는 게 중요한 거잖아요.

살고 싶어요, 저도.
이렇게 살고 싶지 않아요, 저도.
그 사람이 없는 세상에서
이렇게 살고 싶지 않아요.

다시 살아갈 수 있는 날들이
그런 날들이 다시 올까요?

상처 입은 치유자

암에 걸렸더니
그제서야
암에 걸린 사람들이 보였어요.

부모님을 떠나보내니
그제서야
부모님을 떠나보낸 분들이 보였어요.

아들을 잃고 나니
그제서야
아들 잃은 사람들이 보였어요.

억울하게 그 사람을 잃어보니
그제서야
억울하게 떠나보낸 가족들이 보였어요.

그래서
암을 낮게 해달라고 기도하다가
떠나가신 부모님을 위해 기도하다가

떠나보낸 아들을 위해 기도하다가
억울하게 죽은 그이를 위해 기도하다가

그들을 위해서도
기도하게 되었어요.

그런 사람들을 만나게 되었어요.
그런 사람들의 손을 붙잡게 되었어요.
그런 사람들의 말을 듣게 되었어요.
그런 사람들의 심정에 대해
　　목소리를 낼 수 있었어요.

상처 입은 자만이
다른 이의 아픔을
치유할 수 있다.
– 칼 구스타프 융

시설에서의 죽음

장애인 생활시설의
한 이용자분이 말씀하셨다.

여기 장애인 시설에서는
다 개죽음이야.
아픈 사람이 어느 날
병원에 갔다 돌아오지 않으면
소식 없으면 그건 죽은 거여.

살았는지 죽었는지
아무도 말해주지도 않아.
친한 사람이라도
같이 방을 쓰는 사람이라도
병문안을 한번 데려가주나,
죽었다고 장례식에 데려가주나.
죽고 난 다음에 어디에 묻혔나 말해주기를 하나.
가보고 싶어도 궁금해도 알려주지를 않어.
뭐 직원들도 슬프겠지, 맘 편하겠어?
죽었다는 이야기를 꺼내면

분위기만 무거워지고 뭐 좋겠어?

그래 알아, 나도 아는디.

아무리 죽었어도

간 사람이라도

배웅이라도 해주고 싶잖아.

손이라도 한번 흔들어주고 싶잖아.

술이라도 한잔 따라주고 싶잖아.

잘 가라고

거기선 아프지 말라고

자유롭게 훨훨 날아다니라고

곡이라도 펑펑 하고 싶잖아.

마지막으로 기도라도 해주고 싶잖아.

한날한시

선생님,
아내가 기억을 잃어가요.
치매래요.
기억이 조금씩 사라져가요.

그런데 자꾸만 울어요.
내가 당신을 기억하지 못하면 어떡하냐고.
당신이 불쌍해서 어떡하냐고.

우리 둘은 신기하게도
생일이 똑같아요.
그게 인연이 되어서
그렇게 부부가 되었어요.

차라리 떠날 때도
한날한시에 가고 싶어요.

그렇게 둘이서 같이
잘 죽을 수 있는 방법이 없을까요?

뛰어내릴 자리를 알아보고 있어요

아내가 치매라서
나를 못 알아보는데
나도 아파서 병원에 가봤더니
췌장암이래.
얼마 안 남았지, 뭐.

그래도 여태까지 아내랑
의지하며 살았는데

이제 나 죽고 나면
애들이 엄마를 모셔야 할 테니
애들은 또 얼마나 힘들겠어.
이 사람도 아마 제정신이었으면
애들한테 폐 끼치는 거 싫다고 했을 거야.

그래서 내가 요새
베란다에서 뛰어내릴 자리를
알아보고 있어.
어디로 뛰어내려야

한 번에 죽을까.

둘이 뛰어내릴 만한 위치가 어디일까.

할아버지를 호스피스 상담실에 의뢰하고

할머니는 치매 등급 판정을 통해

요양원에 모실 수 있다고 말씀드리자

할아버지의 표정이 한결 편해지셨다.

이제 마음이 놓인다고.

사는 데까지 잘 살다 가겠다고.

Chapter 3.
죽음이 주는 살아갈 용기

죽기 전까진

사람이 참 질겨.
죽을 것 같으면서도
웬만하면 안 죽어.
사람 죽는 게 쉬운 것 같으면서
또 죽는 게 참 쉽지가 않아.

죽고 싶어 하는 사람은 거의 없어.
웬만하면 다 살고 싶어 하지.
그러니 죽으려고 뛰어내려도
다시 살고 싶어서
발버둥을 치고
헤엄을 치고
소리를 지르잖아.

그러니
죽을 때 살 생각하지 말고
살았을 때 죽을 생각하지 말자.

사는 걸 너무 겁내지 말자.

기왕 이렇게 된 거 살아보자.

죽기 전까진 절대 안 죽는다.

걱정하지 마세요

오늘의 그 일로
너무 걱정하지 마세요.
내일은 아마
새로운 걱정이 생길 거예요.
그러면 지금 하고 있는 걱정은
기억조차 나지 않을걸요?

생각해보세요.

지난 주에
지난 달에
작년 이맘때
내가 무엇을 걱정했는지
내가 무슨 일 때문에 화가 났는지
그래서 기분은 어땠는지
지금 생각조차 나지 않잖아요.
그러니 너무 걱정하지 마세요.
어차피 걱정할 것이 쌓여
걱정을 밀어낼 거니까.

"걱정을 해서
걱정이 없어진다면
정말 걱정이 없겠네."
– 티베트 속담

삶이 지루해

"삶이 지루하고 재미가 없어."
친구가 말했다.
"응. 그럼 아파볼래?"
"뭐라고?"

"아프면 된다고.
아프면 하루하루가 새로워져.
병원에 누워서
몸은 몸대로 아프고
돈은 돈대로 나가고
입맛도 없고
내 맘대로 할 수도 없고
내 몸대로 움직일 수도 없고
하루 종일 아파서 낑낑거리면

'아프지만 않아도 참 좋겠다.'
이 말이 절로 나오면서

삶이 단순해져.

삶이 가벼워져.
재미있는 건 바라지도 않아.

아프지만 않아도 살 것 같고
아프지만 않아도 돈이 굳고
내 맘대로 내 발로 내 손으로
밥 먹고 돌아다니는 것만 해도
세상이 즐겁고 재밌어져."

그러니
삶이 지루하고
재미가 없을 땐
한 번씩 아파보자.

오래 사는 법 1

사람들은 대부분 오래 살고 싶어 한다.
많은 이들의 목표 - 무. 병. 장. 수.
그런데 죽음을 공부하다 보니
사람들이 잘 모르는
오래 사는 방법을 알게 되었다.

그 방법은 바로
고생을 많이 하면 된다.
아프고 힘든, 괴로운 시간을
오래 보내면 된다.

뜨거운 사우나 안의 시간은
사우나 밖 시간보다
10배 더 길게 느껴진다.
아프고 힘든 괴로운 시간은
쉽게 가지 않는다.
고통의 시간은 느리고 더디다.
그래서 같은 시간을 살아왔어도
아프고 힘들고 괴롭고

어려운 삶을 살아온 이들의 시간은
아주아주 길게
오래전 이야기처럼 느껴진다.

더욱이 고통의 기억들은
머릿속에서 쉽게 잊히지 않는다.
행복은 빛바래지만 고통은 얼룩진다.
편안했던 여행은 잊힐지언정
고생했던 여행은 절대 잊히지 않는다.
2년간의 군 생활이 10년처럼 느껴져
50년을 이야기하는 남자들이 그렇다.

그러므로 남들보다 오래 살고 싶다면
열심히 부지런히 고생해보자.

오래 사는 법 2

오래 살기 위해
고생하는 것이 싫다면
또 다른 방법이 있다.
그건 바로 새로운 경험을
많이 하는 것이다.

우리의 뇌는 평소와 다른
새로운 정보를 처리하는 데
보다 더 오랜 시간이 걸린다.
그래서 익숙한 것은 빠르지만
낯선 것은 더디다.

집에서의 하루는 매일 똑같이 훌쩍 지나가지만
여행을 떠나 밖에서 보낸 하루는 길게 느껴진다.
새로운 사람
새로운 공간
새로운 풍경
새로운 음식
새로운 경험

새로운 정보를 처리하다 보면
　　하루가 길게 느껴진다.

그러니 오래 살고 싶다면
새로운 경험에 도전해보자.
매일 걷는 길
매일 먹는 음식
매일 가는 곳
매일 만나는 사람들보다

가보지 않는 길
먹어보지 않은 음식
가보지 않은 곳
새로운 사람들을 만나보자.

새로움이 우리를 더 오래 살게끔 한다.

정신 승리

정신 승리:

본인에게 불리하거나 나쁜 상황을
좋은 상황이라고 왜곡하여
정신적 자기 위안을 하는 행위이며
실상은 자신의 망상으로만 이기고 있는 상황

그것이 비록
자기 기만이라 할지라도
거짓이라 할지라도

우리는
정신 승리를 해야 한다.
합리화를 해야 한다.
나를 지키기 위해서
나를 납득시키기 위해서
무너지지 않기 위해서
어떻게든 살아가기 위해서
그것이 설령 변명이라 할지라도

아무것도 바뀌지 않는 환경 속에서

도저히 설명할 수 없는

불합리한 세상사에서

나를 지키기 위한 방법은

정신 승리를 하는 수밖에 없다.

사람은 쉽게 바뀌지 않는다

우리는 서로의 모습을
바꾸기 위해 노력하지만
사람은 쉽게 바뀌지 않는다.
나조차도 바뀌지 않는데
남을 바꾸는 것이 과연 가능할까.

하루 이틀 바뀌는 것은
일시적 변화일 뿐
진정한 변화는 천천히
그리고 길게 봐야 알 수 있다.

죽음 앞에서도 사람은
쉽게 바뀌지 않았다.

죽음 앞에서도 여전히
음식을 탐하고
돈을 숨기고
쾌락을 탐하고
물건을 원했다.

그렇게 습관은
죽음까지도 이어졌다.

그러니 우리는
매일 매일
자신의 모습을
바라보고 성찰하고
좋은 습관을 세우며
살아가야 한다.
나의 모습을
쉽게 바꿀 수 없기 때문에

태도가 곧 실력이라는 말처럼
태도가 곧 삶이다.

시간이 없다

매일 매일

시간이 스쳐 지나간다.

마치 자동차가 달려가듯

10살 때는 10km

20살 때는 20km

30살 때는 30km

40살 때는 40km

50살 때는 50km

60살 때는 60km

2살 아기에게 1년은 인생의 1/2

30살 청년에게 1년은 인생의 1/30

60살 노인에게 1년은 인생의 1/60

시간은

가속도가 붙어

매일 잘게 쪼개져

삶의 파편이 된다.

그러므로 우리에게
늘 시간은 얼마 남지 않았다.

그러니 이 짧은 시간 동안
웃고 만나고
사랑하고 나누며
화해하고 용서하라.

사랑을 배우기에도
모자란 시간에
누군가를 미워하며
낭비할 시간은 없다.

인생오계론(人生五計論)

송나라 학자 주신중은
인생을 잘 살기 위해서는
다음과 같은 다섯 가지
계획을 세워야 한다고 말했다.

첫째 생계(生計), 어떻게 먹고 살 것인가.
둘째 신계(身計), 건강을 어떻게 지킬 것인가.
셋째 가계(家計), 가족을 어떻게 꾸릴 것인가.
넷째 노계(老計), 노년을 어떻게 보낼 것인가.
다섯째 사계(死計), 죽음을 어떻게 맞이할 것인가.

또 잘 죽기 위해서는
다음과 같은 다섯 가지가
없어야 한다고 말했다.

첫째 멸재(滅財), 재물이 없어야 한다.
둘째 멸원(滅怨), 원한이 없어야 한다.
셋째 멸채(滅債), 부채가 없어야 한다.
넷째 멸정(滅情), 정이 없어야 한다.

다섯째 멸망(滅亡), 죽음에 대한
　　두려움이 없어야 한다.

결국 삶의 계획은
죽음으로 이어지고
죽음에 대한 계획은
다시 삶으로 이어진다.

그러므로
어떻게 죽을 것이냐는
어떻게 살 것이냐는 질문과 같다.

개미 이야기

어릴 적 아버지께서 관찰학습으로
개미 관찰장을 만들어주신 적이 있다.

유리병에 흙을 가득 담아
같은 구멍에서 나온 개미들을
한 마리씩 옮겨놓으면
개미들은 흙을 파고 들어가
개미굴을 지었고
바깥에서 그 개미굴의 구조를
한눈에 볼 수 있었다.
방마다 이어진 개미굴은
어린 나의 눈에 참으로 신비로웠다.

그렇게
저 지구 너머 하늘 위에서
신이 이 세상을 바라본다면
인간과 개미가
과연 다를 바가 있을까.
바글바글한 인간들이

땅을 파고 건물을 짓고
먹이를 두고 싸우고
더 넓은 땅을 차지하겠다고
서로를 죽이는

인간이 이루어놓은 문명이래 봤자
고작 개미가 쌓아올린 흙더미와
무슨 차이가 있을까.

아등바등 땅 위에서
그렇게 인간들이 살아간다.
개미의 모습으로
때론 개미보다 못한 모습으로

복기(復棋)

바둑이 끝나고 나면
승자와 패자가 복기를 한다.

자신이 두었던 돌을
하나씩 하나씩
처음부터 끝까지
다시 놓으며
왜 자신이 그 당시에
그런 선택을 했는지를
마주한다.

승자는 다시 한번
승리를 확인할 수 있는 시간이지만
패자는 다시 한번
패배를 확인하는 쓰라리고 뼈아픈 시간이다.

그럼에도 불구하고
자신의 실패를
다시 처음부터

하나씩 되돌아보고
기억하고 마주했을 때
그 아픔은 굳음이 되어
새로운 살이 된다.

바둑뿐만 아니라
삶에서 마주했던
수많은 실패와 아픔들을
우리는 얼마나 다시
복기하고 있는가.

고통스러운 그 기억을
용기 내어 마주할 수 있을 때
상처는 단단해지고
우리는 성장할 수 있다.

남들한테 하는 만큼

남들한테 하는 만큼
가족들한테 반만이라도 하자.

남들한테는 생글생글 웃으며
고맙다고 감사하다고
언제든지 찾아오시라고 친절히 대하면서

가족들한테는
말 안 해도 알겠지
쑥스러워서 어색해서
표현도 못 하고
짜증 내고 신경질 내고
마음에 상처 주고
괜시리 미안함에 후회해도
그래도 괜찮겠지 이해해주겠지
우리는 가족이니까.

세상을 떠난 이들이
떠나보낸 이들이

가장 후회하는 건

가족에게

사랑한다는 말

고맙다는 말

감사하다는 말을 하지 못했던 것

친절하지 못했던 것

표현하지 못했던 것

그러니 남들한테 하는 것

반만이라도 가족한테 하자.

욕구는 장작 같다

우스갯소리로
아이 엄마들한테
아이들에게 좋은 것만 먹이지 말라고 충고한다.
아이에게 좋은 것 먹이겠다고
태어나자마자 최고급 한우로
이유식을 만들어 먹였더니
그다음부터 웬만한 소고기는
맛이 없으면 뱉어내는
아이들의 모습을 본 적이 있다.

사람의 욕구는
모닥불과 같아서
한번 붙은 불씨는
계속해서 장작을 넣어줘야 한다.
더 많은 땔감을 원한다.

좁게 살다가 크게는 살아도
크게 살다가 좁게는 못산다는
어르신들의 말씀처럼

더 맛있는 음식

더 넓은 집

더 좋은 차

더 이쁜 옷

더 많은 돈을 바랄 뿐

소박한 음식

소박한 집

작은 차

소박한 옷

더 적은 돈을

바라는 것은 쉽지 않다.

그리고 그 불씨는 결국

우리의 몸마저 태워버린다.

공짜는 없다

스마트폰이
너를 즐겁게 해주지만
한편으로는 스마트폰 때문에
네가 즐겁지 않은 거래.

예전에는 사람들이
재미있으려면 노력을 해야 했어.
열심히 뛰어다니며 공놀이를 하고,
높은 산 꼭대기에 올라가
아름다운 경치를 감상하고,
정성스레 요리를 해서 맛있는 음식을 먹고,
그래서 즐겁고 감동하고 맛있었는데

이제는
스마트폰만 손에 쥐고
손가락만 슥슥 넘기면
앉은 자리에서 언제든지
재밌는 게임을 하고 멋있는 경치를 보며
맛있는 음식을 주문할 수 있어.

그런데 문제는

노력해서 얻은 재미가 아니다 보니

금방 익숙해지고 시시해지고

더 재미있는 것을 자꾸 원하게 된다는 거지.

그래서 웬만해서는 재미가 없다는 거야.

달콤한 탄산음료는 시원하긴 하지만

단맛이 더 큰 갈증을 불러일으키는 것처럼

노력 없는 재미는 결국

갈증만 더 불러일으킨다는 것

그러니 재미를 쫓더라도

노력을 해서 재미있게 살자.

보는 재미는 잠깐이지만

노력한 재미는 결코 잊히지 않는다.

살아있는 것이 기적이다

가끔 몸뚱어리를 바라보면
가슴에 손을 대고 있으면
쿵쿵 뛰는 심장이 신기하다.

40여 년의 인생
엄마의 뱃속에서 자리 잡아
세상을 박차고 태어나 지금까지
단 한 번도 쉬지 않고
이렇게 오랜 시간 동안
홀로 뛰고 있다는 것이
참으로 신기하고 또 놀랍다.

무쇠로 만든 기계도, 자동차도
10년만 지나면
무뎌지고 망가지는데
40여 년 길게는 80년을
단 한 번 멈춤 없이 움직이는 걸 보면
어떻게 설명할 수 있을까.

심장뿐일까.

눈, 귀, 간, 신장, 대장

수십 년을 보고 듣고

삼키고 녹이고 넘기고

구석구석 가만히 살펴보면

언제 멈추더라도

이상하지 않을 만큼

매일 매일 살아 움직이는 것이

곧 기적이다.

그래서 삶은 곧 기적이다.

내 몸이 뛰고 있어서

매일을 살아 있어서

웃음

힘들고 지친 날
눈물조차 메말라
대꾸조차 할 수 없는 날
그러다
나도 모르게 실없이
어이가 없어
웃음이 터져나온 날

갑자기 터져나온
그 웃음 이후부터

생각해보니 그래.
그럴 수도 있지.
이 이상 더 어떻게 나빠져?
그래 이제 될 대로 되라지, 뭐.
이왕 망한 거 제대로 망해보자.
그래봤자 죽기밖에 더 하겠어?
웃고 나니 괜시리
마음이 무덤덤해졌다.

가진 것을 모두 잃고도 웃는 사람

사고를 당해 불구가 되고도 웃는 사람

말기 암 판정을 받고도 웃는 사람

사랑하는 사람을 잃고도 웃는 사람

도저히 이해할 수 없는 삶 앞에서도 웃는 사람

그리고 결국 죽음 앞에서도 웃는 사람

그렇기 웃기 위해

수십 수백 번을 울었지만

그래서 어떤 웃음소리는

울음소리처럼 들려왔지만

그렇게 웃기 시작하니 다시 살아갈 수 있었다.

그렇게 웃음은 우리를 좋은 죽음으로 이끌었다.

우주 공포증

가끔 늦은 밤까지
잠이 오지 않을 때는
유튜브를 켜서
우주에 관한 다큐를 본다.

광활한 우주의 영상을 보면
지구마저도 우주의 티끌처럼 보인다.
지금 우리가 보는 별빛은
수십억 년 전의 별빛이라고 한다.
끝없는 무한함과 방대함에
우주 공포증이라는 말까지 나왔다지.

거대한 우주의
티끌의 티끌인 나는
우주 먼지치고는 너무 고생이 많다
문득 그런 생각이 든다.

그러다 문득 우주가 별것일까.
내가 태어난 이상

태양을 중심으로 지구가 돌 듯
나를 중심으로 우주도 있고
내가 죽으면 우주조차 사라진다.
내가 보지 않는
태양은 달빛은 별빛은
아무 의미가 없다.

내가 살아야 우주도 있고
내가 죽으면 우주도 없다.
결국 내가 없다면
세상은 아무 의미가 없다.

세상의 중심은 나다.

그렇게 우리는
각자의 우주 속에서 살아간다.

나쁜 사람도 열심히 산다

어떻게 저런 사람이
오랫동안 잘리지 않고
저렇게 높은 자리에
올라갈 수 있을까 싶지?

그런데 저 사람도 엄청 노력해.
하기 싫은 일이 있어도
수틀려도 화가 나도
윗사람들 비위 맞춰가면서
하나하나 다 듣고 적고
윗사람들한테도 욕먹고
아랫사람들한테도 욕먹고
이래저래 욕만 먹지만,
자기 자존심 다 내려놓고
그렇게 오랫동안 살아남은 사람이야.
방향이 달라서 그렇지
열심히 노력한 사람이야.
그게 맞다는 건 아니지만.

TV 만화 영화에서도
악당들은 실패해도
또 연구하고 개발해서
계속 도전하잖아.

그렇게
나쁜 짓을 해도
노력하는 사람이 살아남아.

그런데 너는
옳은 일을 한다고 하면서
세상을 바꾸고 싶다면서
그렇게 열심히 노력해본 적 있어?

편리함이 영혼을 좀먹는다

편리함이 영혼을 좀먹는다.
어떻게든 가만히 앉아
덜 움직이고
손대지 않고
노력하지 않고
최대의 쾌락을 누리려 한다.

내 손으로 먹을 것을 구하지 않고
내 손으로 살 곳을 짓지 않고
내 손으로 일하지 않고
내 손으로 돈을 벌지 않고
내 발로 움직이지 않기 위해서

오직 돈 몇 푼을 손에 쥐고

나 대신 차려준 이에게 소리 지르고
나 대신 가져다준 이를 함부로 하고
나 대신 청소해준 이를 하대하고
나 대신 아이를 돌봐준 이에게 따지고

나 대신 일을 해준 이에게 손가락질하고
나 대신 부모를 살펴준 이들을 무시한다.

그렇게 편리함이 영혼을 좀먹는다.

그래서 성인들은
편리함을 경계하며
스스로 집을 짓고 일하고 밥을 지으며
자급자족하는 삶을 살아왔을까?

편리함이 결국 삶을 좀먹는다.
그래서 죽음조차 좀먹는다.

취미 만들기

TV 프로그램
'나는 자연인이다', '생활의 달인'에서는
자신만의 세계에 사는
놀라운 사람들이 출연한다.

산속에 들어가
홀로 자급자족을 한다든지,
집을 짓는다든지,
남들은 알아주지 않는
유별난 물건들을 만든다든지.
자신만의 독특한 취미를 갖고
놀이 삼아 매일을 사는
사람들의 모습을 볼 수 있다.

반면 매일 돈을 벌기 위해
일만 하고 지장생활만 하다가
갑작스런 정년퇴직 이후
아무것도 하는 것 없이
우울하고 무료한 나날을 보내는

그런 사람들도 있다.

고기도 먹어본 사람이 잘 먹는다고
놀아본 사람이 혼자서도 잘 논다.

혼자서도 잘 놀 수 있도록
혼자서도 잘 노는 습관을
그래서 혼자서도 잘 살 수 있도록
자기와 친해지는 연습이 필요하다.

죽음을 공부하니 삶이 보였다

죽음이 궁금해서

죽음이 두려워서

죽음이 슬퍼서

멀리만 있을 것 같던 죽음이

시도 때도 없이 찾아와서

아프게 죽고 싶지 않아서

끌려다니며 죽고 싶지 않아서

돈 많이 쓰고 죽고 싶지 않아서

인간답게 죽고 싶어서

그래서 잘 죽고 싶어서

죽음을 공부했더니

삶이 보였고

사람이 보였고

가족이 보였고

나눔이 보였고

행복이 보였고

신이 보였다.

그리고 내가 보였다.

죽음을 생각하면

죽음을 생각하면
삶이 소박해진다.
삶이 단순해진다.
삶이 명료해진다.
삶이 풍성해진다.
삶이 소중해진다.
삶이 깊어진다.

죽음을 생각하면
밖보다는 안을
남보다는 나를
나보다는 남을
쌓기보다는 나눔을
특별한 것 보다는 평온함을
높은 곳보다는 낮은 곳을
화려한 것보다는 소박한 것을
내일보다는 오늘을
어떻게 하면 잘 떠날지를
어떻게 하면 잘 살지를.

당당히 죽음을 맞이하고 싶다

정신을 바짝 차리고

마음을 단단히 먹고

지레 겁먹지 말고

허리를 꼿꼿이 세우고

두 눈을 부릅뜨고

당당히 죽음을 맞이하고 싶다.

죽기 전에 미리 죽지 않겠다.

나에게 주어진 삶의

마지막 1초까지도

아낌없이 온전히 다 채우고

죽음 앞에서

내가 살아온 세월의 시간들을

펼쳐내어 삶을 증명하고

아쉬운 점도 있지만

후회는 없다고

비굴하지 않게 떳떳하게

낡고 해어진
육신을 바지런히 개어
관속에 누인 뒤

그동안 참 고생했다
스스로의 얼굴을 쓰다듬으며

이야기의 마지막 장을 덮고
그렇게 삶을 완성하고 싶다.

저울

삶의 중요한 순간
두 가지 갈림길에서
한 가지를 선택해야 할 때

그럴 때 나는
죽음을 떠올린다.
죽음의 저울을 그려본다.

죽음이란 저울 위에
두 가지를 올려놓고

무엇이 더 손해가 없을까.
무엇이 더 진실될까.
무엇이 더 보람될까.
무엇이 더 참될까.
무엇이 더 나 다울까.

가만히 살펴보면
스르르 한쪽으로 기울어진다.

죽음은 가짜를 구별한다.

죽음의 저울에 올려놓으면
삶은 선명해지고
가치는 명확해진다.
껍데기가 벗겨진다.
속살이 드러난다.

하루에 한 번, 죽음

하루에 한 번
죽음을 떠올린다면
이 세상이 조금 더
평화로워지지 않을까?

우리의 삶에서
하루에 한 번
죽음을 떠올린다면
나의 너의 우리의
죽음을 떠올린다면

조금 더 가볍게
조금 더 행복하게
조금 더 참되게
조금 더 진실되게
살 수 있지 않을까.

인류 모두가
하루에 한 번

죽음을 떠올린다면

돈도 소비도,

학살도, 전쟁도, 갈등도,

미움도, 살육도, 환경파괴도

잠시 멈추고

삶을 끌어안을 수 있지 않을까?

그러므로

생명을 살릴 수 있는 건

오직 죽음뿐이다.

죽음의 공포는 우리를 두렵게 하지만

죽음에 대한 생각은 우리를 살게 한다.

YOLO

YOLO, 욜로

You Only Live Once

"당신은 한번밖에 살지 못해요.

그러니 행복하게 살아요"라는 뜻.

그러던 그 말이

어느 날

TV 광고, 매스컴에서

등장하기 시작했다.

YOLO

당신은 한번밖에 살지 못해요.

그러니 뭐하러 참고 살아요.

하고 싶은 거 하세요.

회사 그만둬도 괜찮아요.

좀 쓰고 살면 어때요.

그런데 이건 꼭 사셔야 해요.

이건 꼭 먹어봐야 해요.

이거는 꼭 구경하셔야 해요.

여기서 사진은 찍어야 해요.
이곳은 꼭 가봐야죠.
걱정 마세요.
모든 게 잘될 거예요.

웬일인지 그렇게
죽음이란 이름을 한참 내걸고
죽음과는 전혀 먼 이야기를 꺼내다가

물건만, 상품만, 유행만 잔뜩 팔아먹더니
사람들에게 빚만 남기고
어느샌가 나 몰라라 사라져 버렸다.

내 말 맞지?
진짜보다 가짜가 잘 팔린다고.
돈 버는 사람은 따로 있다고.

살았을 때 죽을 생각

살았을 때 죽을 생각 하지 말고
죽을 때 살 생각 하지 말자.

자살로
살았을 때 죽을 생각을 하니
떠나는 이도
남은 이들도
서있던 자리도
모두가 아프고 힘들고 괴롭다.

중환자실에서
죽을 때 살 생각을 하니
떠나는 이도
남은 이들도
서있던 자리도
모두가 아프고 힘들고 괴롭다.

살았올 땐 살 생각을 하고
죽을 땐 죽을 생각을 하자.

"生也全機現(생야전기현)

살 때는 삶에 철저하고

死也全機現(사야전기현)

죽을 때는 죽음에 철저하라."

– 원오 극근 선사

잘 살고 싶고, 잘 살고 있고,
잘 살아갈 것이다

20대 중반에 시작한 죽음 공부는
어느새 스무 해가 지난
지금까지 계속되고 있다.

그리고 그 끝에 내린 결론은
"죽음은 끝이 아니다"라는 것이다.
단순히 신앙에서 말하는 내세가 아니라,
죽음을 연구하는 이들도,
사후세계를 연구하는 이들도,
임종을 지키고 맞이하는 이들도,
자살로 목숨을 끊는 이들도,
그리고 죽어가는 이들의 곁을 지킨 이들도
내게 죽음은 끝이 아니라고 말했다.

그리고
죽음은 삶이라고, 삶은 곧 죽음이라고,
죽음을 이야기히지 않은 삶은 거짓이고,
삶을 이야기하지 않는 죽음은 거짓이라고.

죽음이란 열매를 갈라보니
삶이라는 씨앗이 들어있었고
삶이라는 씨앗을 심어보니
죽음이란 열매가 맺혀있었다.

그렇게 죽음은 삶으로,
삶은 죽음으로 이어져 갔다.

그렇게 나는 죽음에 대한 갈망을 쫓아
오랜 세월을 거쳐 다시 삶으로 되돌아왔다.

혹자들은 나에게
죽음을 공부하면
우울하지 않느냐 묻는다.
그러나 우울의 끝에서
출발한 죽음의 공부는
나를 다시 살게끔 하는
삶의 공부로 이끌었다.

어떻게 죽을 것인가는 질문은 다시
어떻게 살 것인가라는 질문으로 되돌아왔다.

그럼에도 불구하고,

우린 살아야 한다고

잘 살아야 한다고

죽음을 펼쳐 삶을 꺼내놓는다.

잘 죽겠다는 말은 곧

잘 살겠다는 말

그럼으로 나는

잘 살고 싶고

잘 살고 있고

잘 살아갈 것이다.

죽음을 공부한다는 건

죽음을 공부하면서

시간의 소중함을 잊는다면
건강을 감사하지 못한다면
하루의 소중함을 알지 못한다면
사랑보다 미움과 시기에 휩싸였다면
영원한 것은 존재하지 않으며
모든 것은 변한다는 진리를 깨닫지 못한다면
행복은 물질보다 가치에 있음을 잊고 산다면
나누기보다 모으는 데 힘을 쏟는다면
가족의 소중함을 깨닫지 못한다면
무의미한 것들에 집착한다면
스스로를 미워하고 원망한다면
꿈보다 돈을 우선한다면
자신의 삶이 아닌
타인의 삶을 살아간다면

나는 죽음을
잘못 공부한 것이다.

웃으면서 죽음을 이야기하기

죽음은 웃으면서
이야기해야 해요.
죽음이라는 단어 자체가
이미 무겁거든요.

수업에 들어가서
죽음이라는 단어를 꺼내면
사람들의 표정이
이내 곧 굳어 버려요.

그러니 죽음을 말할 땐
웃으면서 이야기해야 해요.
괜찮다고
무섭지 않다고
무서우면 함께 들여다보자고.

죽음이란 무엇인지 생각해봤는지
잘 죽으려면 무엇을 준비해야 하는지
제가 먼저 살펴봤더니

잘 준비해서 돌아가신 분들도 있다고
아프지 않게 곱게 가신 분들도 계셨다고
사람은 살아온 모습
그대로 죽음을 맞이한다고
그래서 죽음은 삶이라고
그러므로 우리는 잘 살아야 된다고.

그래서 너무 무겁지 않게
그렇다고 또 너무 가볍지 않게
웃으면서 함께
죽음에 대해 이야기 나눌 수 있는
그런 노력들을 해야 해요.
그래서 수업을 마치면
한번 잘 살아봐야겠다고
환하게 웃을 수 있도록 말이에요.

돌아가셨다

지인 아버님의 부고

문자 메시지로 온
부고 알림에
돌아가셨다는 말이 문득
입가에 계속 맴돈다.

돌아가셨다.
돌아가셨다.
돌아가셨다.
돌아가셨다.
돌아가셨다.

그렇다면
지금 우리가 사는 이곳은
우리가 잠시 다니러 온 곳인 걸까.
우리가 원래 있던 곳은 어디일까.
우리는 어디에서 왔고
이곳에 온 이유는 무엇이며

다시 어디로 돌아가는가.

그때는 언제일까.

그곳에서도 나를 기억할까.

돌아가셨다

한 마디를 되뇌었는데

삶이 보이고

또 죽음이 보였다.

당신의 질문

먼 훗날 이 세상을 떠나
그곳에서 신을 만나게 된다면
신은 우리에게 어떤 질문을 할까?

열심히 살다 왔어?
공부 열심히 하고
돈 많이 벌고
훌륭한 사람으로 살았어?

이런 질문보다는

잘 지내다 왔니?
어떻게 지냈어?
재밌었어?
행복했어?

이렇게 물을 것 같다.

그 질문에 나는

뭐라고 대답을 할 수 있을까?

나는 잘 지내다 왔을까?

행복하게 살고 갔을까?

신에게 어떤 추억을 말해줄 수 있을까?

그렇지 못해 우물쭈물

대답하지 못해도

괜찮다고, 그래도 고생했다고

이제는 푹 좀 쉬라고

말없이 끌어안아 주실 것 같다.

매미

여름밤 산책길
문득 길가의 가로수를 보니
엄지만 한 벌레 하나가
스물렁스물렁
나무 위를 올라가고 있다.

굼벵이였다.

그리고 그 위에는
굼벵이의 옷을 벗고
태어난 매미들이
젖은 몸을 말리고 있었다.
괜시리 갓 태어난
새하얀 매미를 노리는
새들이 있을까봐 주위를 살펴보았다.

땅속에서 7년이라는
긴 시간을 보내다가
땅으로 올라와 굼벵이의 허물을 벗고

보름여의 시간을 우는 매미는

굼벵이의 허물을 벗음이
죽음일까 아니면
새로운 탄생일까.

벗겨진 매미의 허물을 보며
7년이라는 시간과
보름여의 시간 중
어떤 것이 진정 매미의 삶이었을지
어떤 것이 진정 매미의 죽음이었을지
그것이 문득 궁금해졌다.

Chapter 4.
삶과 죽음을 공부하다

자기초월의 욕구

매슬로(Maslow)라는 유명한 심리학자는
인간의 욕구는 다섯 단계가 있다고 말했다.

첫 번째는 생리적 욕구
두 번째는 안전의 욕구
세 번째는 사회적 욕구
네 번째는 존경의 욕구
다섯 번째는 자아실현의 욕구

아래 단계에서부터 욕구가 채워져야
다음 단계로 넘어갈 수 있으며,
그 끝 마지막 자아실현의 욕구가
인간의 가장 고차원적인 욕구라고 말했다.
그래서 우리는 늘 자아실현을
인간 성장의 최종 목표로 세운다.

그러나 매슬로가 말했지만
사람들에게 잘 알려지지 않은
자아실현보다 더 높은 단계가 있다.

이를 '자아초월의 욕구'라고 한다.

자아실현을 이룬 뒤 이를 뛰어넘어
영적인 단계의 인간으로 거듭나
헌신과 봉사의 삶을 살아가는 것.
완성된 인간으로서의 자신을 내려놓고
이타적인 삶을 살아가는 것.

죽음을 공부하며
좋은 죽음을 맞이하셨던 분들의
마지막 삶과 모습은
자아실현이 아닌 자아초월의 모습이었다.

자신을 이루고 완성하고
그것조차 다시 부수고 넘어서는 것
그것이 삶의 마지막 숙제다.

두 명의 유대인

세계 2차 대전 당시
아우슈비츠에 수용된
두 명의 유대인
빅터 프랭클 그리고 장 아메리

두 명 모두 전쟁이 끝난 이후
죽음의 위협 속에서
어렵게 살아 돌아왔지만

장 아메리는《자유죽음론》이라는 책을 쓰고
2년 뒤 스스로 목숨을 끊었고,
빅터 프랭클은 수용소에서의 경험을 토대로
의미 치료, 고통의 의미를 되새기는
'로고테라피'라는 심리치료 방법을 개발하였다.

그리고 이 둘의 이야기는
지금도 생사학을 공부하는 이들에게
회자되고 있다.

한 명은 죽음을 마주하고 다시 죽음을 찾아

한 명은 죽음을 마주하고 다시 삶을 찾아

죽음의 공포 앞에서

결국 살아남은 이들.

한 명은 죽음을 통해 의미를 찾았고

또 한 명은 죽음 앞에 자유를 꿈꿨다.

한 명은 죽음을 통해 삶을 도왔고

또 한 명은 죽음을 통해 죽음을 도왔다.

MBTI로 보는 나의 죽음

I: 홀로 조용히 자신을 성찰하고 주변 정리를 하며
E: 사람들을 만나 인사하고
　　버킷리스트를 이뤄나가며

S: 죽음을 피할 수 없는 당연한 운명으로
　　받아들이고
N: 죽음이란 무엇인가 방황하며 고민하고

F: 그동안의 삶을 되돌아보며 회한에 젖는
T: 정보를 찾고 계획을 세워
　　자신의 죽음을 준비하는

P: 자신의 감정에 충실하며 죽음을 준비해가는
J: 죽음의 과정과 장례식, 유산까지
　　모두 계획해두는

그런 죽음

나의 MBTI는 INFP

내가 맞이할 죽음의 모습은

홀로 조용히 자신을 성찰하고 주변 정리를 하며

죽음이란 무엇인가 방황하며 고민하고

그동안의 삶을 되돌아보며 회한에 젖는

자신의 감정에 충실하며 죽음을 준비해가는

그런 죽음.

양가 감정

죽음이 너무 철학적이지 않았으면 좋겠다.
죽음이 너무 신비롭지 않았으면 좋겠다.

죽음이 너무 빨리 오지 않았으면 좋겠다.
죽음이 너무 늦게 오지 않았으면 좋겠다.

죽음이 너무 가볍지 않았으면 좋겠다.
죽음이 너무 무겁지 않았으면 좋겠다.

죽음이 너무 슬프지 않았으면 좋겠다.
죽음이 너무 기쁘지 않았으면 좋겠다.

죽음이 너무 두렵지 않았으면 좋겠다.
죽음이 너무 쉽게 생각되지 않았으면 좋겠다.

죽음이 너무 어렵지 않았으면 좋겠다.
죽음이 너무 쉽지 않았으면 좋겠다.

죽음이 너무 가까이 있지 않았으면 좋겠다.

죽음이 너무 먼 곳에 있지 않았으면 좋겠다.

죽음이 너무 쉽게 잊히지 않았으면 좋겠다.

죽음이 너무 오래 자리 잡지 않았으면 좋겠다.

침묵의 스승님

대만의 한 의대에서 진행되는
시신을 해부하는 실습 다큐멘터리를 보았다.
그런데 의대생들은
해부대 위에 올려져 있는 시신을
'침묵의 스승님'이라고 불렀다.
그 이유를 묻자 비록 말은 할 수 없지만
학생들에게 많은 가르침을 주기 때문이라고
　　말했다.

그리고
의대생들은 시신 해부 실습 전에
시신을 기증하신 분의 가족을 찾아가
고인이 생전에 어떤 분이셨는지를 조사하여
수업 시간에 발표하였다.

고인은 언제 태어나셨고 어떤 성격이셨으며
어떻게 살아오셨고 왜 시신기증을 하셨는지.

해부 실습 중에는 해부대 위에

고인의 생전 사진과 약력을 띄어놓고

마치 살아있는 사람에게 청하듯

깍듯이 고인에게 예우를 다했다.

배를 열 때는 "스승님, 배를 좀 열겠습니다."

팔을 해부할 때는 "스승님, 팔을 좀 빌리겠습니다."

실습을 마치고 난 다음에는 대학 총장과 학생들이

고인의 가족들을 초대하여 최대의 예우를 갖춰

장엄하게 장례식을 진행하였다.

그리고 스승님의 배움을 본받아

훌륭한 의사가 되겠다 다짐하였다.

다큐멘터리를 본 며칠 뒤

한국의 의대생들이 시신 해부 실습 도중

유골을 들고 장난스레 인증샷을 찍어

SNS에 자랑했다는 뉴스를 접했다.

Death Library

나의 꿈 중에 하나는
죽음 도서관을 만드는 것이다.
조금 더 정확히 말하면
죽음과 관련된 문화공간을 마련하는 것이다.

죽음의 역사, 종교, 영혼, 사후세계,
안락사, 존엄사, 자살, 사별, 장례식, 고독사 등
죽음과 관련된 책들을
주제에 따라 다양하게 마련해두고 싶다.
그리고 죽음과 관련된 질문과
어려움을 해결해줄 수 있는
책들을 추천해주고 싶다.

또 한 켠에는 아이들과 함께 읽을 수 있는
죽음과 관련된 동화책을
한 켠에는 자신의 영정 사진을 찍을 수 있는
포토부스도 만들어놓고,
꽃으로 꾸민 예쁜 관과
영상 유언장을 남길 수 있는

녹화장도 마련해두고 싶다.
죽음을 마주하는 분들을 모시고
웰다잉 교육을 진행하고 싶다.
자살 충동을 겪는 이들,
사랑하는 이들을 떠나보낸 이들을 위한
상담실도 마련하고 싶다.

따뜻한 커피 한 잔과 함께
죽음에 관한 책들과
죽음에 관한 체험과 함께
죽음에 관한 이야기들을
언제든지 나눌 수 있는
그런 죽음 도서관을 만들고 싶다.

화장터로 간다

삶이 버거울 땐
화장터를 간다.
삶의 마지막 종착지
내가 도착할 그곳

영정사진을 들고
고인을 떠나보내는
유족들의 모습을 지켜본다.

곳곳에서 울려퍼지는 울음소리
뜨겁다고 얼른 나오라 소리치는 아내
가지 말라고 소리 지르는 자녀들
곁에서 그들을 부축하고 위로하는 친지들
엄마 아빠가 우는 모습에
깜짝 놀라 덩달아 우는 아이들
화장을 마칠 때까지
유족실 한 켠에서
스마트폰 게임을 하는 손주들.

관 하나에 시신이 들어가
통 하나에 가루로 담겨져
다시 사람들 품에 안기면

허덕임에 부석거리던 일상도
사람들에게 받았던 상처도
지겹기만 하던 매일의 일상도
아등바등 힘주고 살아온 삶도

결국에 언젠가 그 끝이
기다리고 있다는
묘한 위로를 받으며
다시금 삶으로 발걸음을 돌린다.

그 나라에 가보고 싶다

멕시코에 가보고 싶다.
매년 11월 죽은 자들의 날
죽은 이들을 추모하기 위해
온 거리가 해골로 뒤덮이고
형형색색의 깃발이 춤을 추는
멕시코에 가보고 싶다.

티베트에 가보고 싶다.
숨이 가빠올 정도로
저 높은 히말라야 산맥 한 켠에서
죽어간 이들의 육신을 고이 저며
독수리에게 뿌려주는
그래서 저 하늘 위
새파란 하늘 너머로
영혼을 띄워 보내는
천장을 하는 나라
티베트에 가보고 싶다.

인도에 가보고 싶다.

저 갠지스강 한 켠에서

하루에도 수십 수백 명의 시신을

장작더미에 올려놓고 태워

차마 다 타지 못한 해골과

팔과 다리가 둥둥 떠다니는

삶과 죽음과 윤회를

두 눈으로 목격할 수 있는 나라

갠지스강이 있는 인도에 가보고 싶다.

그 나라에 가보고 싶다.

삶의 곳곳에 죽음과 함께 살아가는

그런 이들이 사는 곳에

죽음을 마주하러 가보고 싶다.

웰다잉 교육

교육은
모르는 것을 알도록
가르치는 것이 아니라
행동하지 않을 때
행동하도록 가르치는 것이다.

내가 말하고 다니는
죽음 준비 교육은
혹은 웰다잉 교육은

사람들이 죽음을 통해
삶의 우선순위를 깨달을 수 있도록
그래서 삶의 소중함을 깨달을 수 있도록
그렇게 삶을 잘 살 수 있도록
그러므로 삶을 사랑할 수 있도록

나아가 죽음의 순간이 다가왔을 때
고통 없이 인간답게 죽음을 맞이할 수 있도록
죽음을 통해 마지막 영적 성장을 할 수 있도록

떠나보낸 이들이 죽음의 상처를 통해
　　성장할 수 있도록
또 이 사회의 소외되고 아픈 죽음을
　　마주할 수 있도록
나아가 그들에게 관심갖고 도움을 줄 수 있도록
이해하며 행동하도록 하는 데
목적을 두어야 한다.

아는 지식은 의미가 없다.
실천하는 지식이 의미가 있다.

그래서
생사학
죽음학은
실천학문이고
실용학문이다.

아스팔트에 씨를 뿌리다

1세대 죽음학자인 한 교수님은
아무 곳에나 수업을 가지 않는다고 하셨다.
사람들이 죽음에 대해 이야기하는 것을
꺼리고 불편해하며 허황된 소리라 생각해서
받아들이지 않기 때문이라고 말했다.
그 때문에 상처받고 기분이 상한 적도
　　많다고 하셨다.
그 기분은 아스팔트에 씨앗를 뿌리는 것과
　　같다고 하셨다.
저명한 죽음학자의 강연에도 그처럼 반응하는데
하물며 나와 같은 사람의 수업이야 오죽할까.

누군가는 고개를 돌리고 불편해하며
자리를 박차고 일어선다.
두려워서, 상처라서, 무서워서, 재수 없어서.
혹자는 네가 감히 뭘 아냐고 한다.
혹자는 함부로 말하지 말라고 한다.
혹자는 그래서 어쩌라고 말한다.
혹자는 듣고 싶지 않다고 말한다.

무수히도 많은 외면과 상처와 두려움과 긴장 끝에
수업을 마치면 녹초가 되곤 한다.

그러다가 가끔씩 마주치는
아스팔트의 짙은
기름 섞인 돌을 뚫어내고
그럼에도 불구하고 그 틈에서 싹을 피우는
민들레 한 송이를 바라보며

내가 대신 말하는 죽음을 통해
누군가는 삶을 위로받고
누군가는 다시 삶을 계획하고
누군가는 죽음에 대한 두려움을 조금은 덜고
또 누군가는 사랑하는 이를
떠나보낸 슬픔을 보듬는다면,

그리고 그 씨앗이 흩날려
다시 어디선가 꽃피울 수 있다면

그것만으로 죽음을 통해
또 다른 생명을 피워낼 수 있지 않을까
문득 그런 생각이 들었다.

나는 말한다

사람들은 환영하지만 나는 환영받지 못한다.

사람들은 삶을 말하지만 나는 죽음을 말한다.

사람들은 영원을 말하지만 나는 끝을 말한다.

사람들은 만남을 말하지만 나는 헤어짐을 말한다.

사람들은 미소를 짓지만 나는 눈물을 훔친다.

사람들은 얻으려 하지만 나는 버리려 한다.

사람들은 건강을 말하지만 나는 아픔을 말한다.

사람들은 희망을 말하지만 나는 절망을 말한다.

그러나

사람들은 피하려 하지만 나는 마주하려 한다.

사람들은 남에 일이라 말하지만
　　　나는 우리의 일이라 말한다.

사람들은 거짓된 것을 좇지만
　　　나는 진실된 것을 좇는다.

사람들은 상처를 말하지만
　　　나는 고통 끝에 성장을 말한다.

사람들은 육신을 말하지만 나는 영혼을 말한다.

사람들은 행복을 말하지만 나는 의미를 말한다.

사람들은 이번 생을 말하지만

　　　나는 다음 생을 말한다.

사람들은 두려워한 사람들을 말하지만

　　　나는 편안히 떠난 이들을 말한다.

그래서

사람들은

죽음을 말하더라도

그러므로

나는 다시

삶을 말한다.

쓰잘데기 없는 수업

"때 되면 어련히 알아서 죽겠지.
노인들한테 말야.
안 아프게 건강하게 오래 사는 법이나
　　가르쳐줘야지.
이런 쓰잘데기 없는 수업은 뭐하러 해?"

이른 아침 첫 수업
어르신 한 분이 돌직구를 날리신다.
가슴을 후벼 판다.

정신이 번쩍 난다.
한동안 잊고 살았다.
안일했다.
긴장하자.
기억하자.

나는 불편한 이야기를 하는 사람이라는 것을.
환영받지 못하는 사람이라는 것을.
죽고 싶은 사람은 없다는 것을.

그러나

거기서 좌절하면 안 된다는 것을.

그것을 인정하고

거기에서 시작해야 한다는 것을.

그런 인식을 바꿔나가는 것이 출발이라는 것을.

나를 성장시킨 건 칭찬과 격려가 아니라

냉대와 수모였다는 것을.

초심으로 돌아가자.

인기 강사

참 부러운 강사들이 있다.
노래교실, 레크레이션, 웃음치료, 건강체조 등등.
어르신들의 성원에 아이돌 못지않은
    인기를 자랑한다.
교탁에는 늘 음료수와 사탕,
    다양한 간식들이 쌓여있다.
"우리 선생님, 우리 선생님~."
쉬는 시간에도 어르신들에게 둘러싸여
웃음이 끊이지 않는다.
애정이 흘러넘친다.

하지만 나는 그런 인기 강사가 될 수 없다.
죽음이란 과목은 어르신들에게 인기가 없다.
썩 유쾌하지도 않다.

그러나 웃음을 주는 강사도 필요하지만
눈물을 닦아주는 강사도 필요하다.
삶을 펼치는 강사도 필요하지만
거두는 강사도 필요하다.

그럼에도 불구하고
나를 만난 어르신들께
잊히지 않는 강사가 되고 싶다.

그때 만난 그 선생 때문에
그래도 죽음을 생각해볼 수 있었다고,
삶을 정리할 수 있었다고,
덜 아프게, 돈 많이 안 쓰고,
가족들이 지켜보는 가운데,
용서하고 화해하며
다 내려놓고 돌아설 수 있었다고,
미리 알려줘서 고마웠다고,
그래서 잘 준비했다고.

삶의 마지막 순간
딱 한 번이라도 기억에 남는다면,
그것만으로도 이번 삶의
인기 강사가 될 수 있지 않을까 싶다.

엄마들의 웰다잉

장애인 관련 시설에
웰다잉 수업을 간 적이 있다.
교육을 들으시는 분들은
장애 자녀를 둔 부모님들이었다.

웰다잉 수업을 마치고
질문과 소감을 나누던 중
한 어머니께서 손을 들고 말씀하셨다.

"선생님!
오늘 수업 잘 들었는데요.
저희한테 잘 죽는 방법이 뭔지 아세요?"

"글쎄요, 어떤 방법이 있을까요?"

"저희는요, 저희 애들보다
딱 하루 더 살고 죽는 게
제일 잘 죽는 거예요.
우리 애들 놔두고 가면

발길이 안 떨어질 것 같아서

마음 아플 것 같아서

아무도 돌봐주는 이 없을 것 같아서

섭섭하더라도 죽는 날까지

내 품 안에서 떠나보내고

그러고 그 다음 날

저도 딱 눈감는 게

그게 저희들한테는 잘 죽는 거예요.

그렇게 죽는 게 소원이에요."

햄스터

우리 조카가
햄스터를 기르는데
글쎄 이번에
지들끼리 물고 뜯고 싸워서
병원에 데려갔단다.
근데 치료비가 몇십만 원이래?
이게 말이 되니?
쪼그만 쥐 한 마리 치료비가
사람 치료비보다 더 나온다는 거야.
햄스터 그거 한 마리에
만 원이면 새로 사는데.

아휴 그러면 안 돼.
그래도 애지중지하던
반려동물이니까
당연히 그렇게 치료해줘야지.
생명에 귀천이 어디 있어.
아이에게 분명
소중한 기억이 될 거야.

좋은 어른으로 자랄 거야.

생명의 소중함을 배울 수 있을 거야.

라고 말하면서도,

저기 어느 나라에 아이들은

배고파 굶어 죽어가는데

단돈 만 원이 없어

치료받지 못해 아파 죽는데

정말 햄스터 한 마리 목숨이 그게 맞는 걸까.

이리저리 마음속으로 저울질을 한다.

모든 생명과

모든 죽음은

존엄해야 한다고 떠들던 내가.

코로나를 애도하는 이는 없다

코로나는 그렇게
죽음까지도 몰아냈다.

마스크를 넘어
언제라도 죽음이
내게 다가올지 모른다는 생각에

코로나로
끝내 숨을 거둔 아비는
격리된 방안에서
손도 한번 잡아보지 못한 채
자식들과 유리 너머로
마지막 인사를 나누고
장례식도 없이

서둘러 처리해야 하는
맹독성 물질인 양
소각로에 넣어져 태워버린다.

고인의 마지막을 함께하지 못한 유족은
잿더미로 담긴 아비의 유골을 들고

누군가에게 들켜서는 안 된다는 듯
입을 틀어막고 눈물을 훔치고
서둘러 몰래 몰래
고인을 품에 안고 도망친다.

그제서야 남은 이들은
안도의 한숨을 내쉰다.

감염자 통계만 매일 계속될 뿐
죽은 이를 애도하는 이는 없다.

냉동인간

어머니가 임종 직전 남긴 말
"죽고 싶지 않아, 죽기 싫어."
그 말에 충격을 받은 아들은
우리나라 최초로 어머니의 시신을
냉동인간으로 의뢰하였다.

자연의 섭리를 받아들이지 못하는 우매한 사람,
어머니의 시신을 냉장고에 처박아놓은 불효자,
불확실한 미래의 과학기술에 투자한 어리석은 이,
사람들은 손가락질을 하고 욕을 하지만

그 옛날 돌아가시는
부모님을 살리기 위해
손가락을 깨물어 피를 입에 흘려넣고
허벅다리 살을 베어 구워 입에 넣어주었던
조선 시대 효자의 모습과
먼 훗날 미래의 과학기술에 희망을 걸고
이떻게든 어머니를 살려보려는
지금의 그의 모습이

뭐가 다를 바 있을까.

어쩌면 차디찬 냉동캡슐에 보관된 건
어머니의 시신이 아니라
어머니에 대한 아들의 사랑이 아닐까.

사랑은 얼지 않는다.
사랑은 죽지 않는다.
사랑은 다시 만난다.

간병 로봇

앞으로 요양원에서도
로봇이 간병인의 역할을
대신할 수 있을 것이라고 말한다.

하지만 아무리 세상이 변해도
기술이 발달해도
그래서 많은 것들을
로봇이 대신한다 하더라도
인간의 체온을 결코
대신할 수는 없다.

말로 표현하지 않아도
아픈 이를 어루만지는
내가 당신을 걱정하고
염려하고 있다는
그래서 당신 곁에 있다는
그렇게 걱정하지 말라는
그 따스한 온기의 위로를
로봇은 결코 대체할 수 없다.

고독사 예방 로봇 인형

홀로 사는 노인들의
고독사 예방을 위하여
안전돌봄 로봇 인형이 보급된다고 한다.

일정 시간 동안 움직임이 없고
노인의 신변상에 문제가 생기면
로봇 인형이 이를 감지하여
입력된 연락망으로 전화를 걸어
노인을 신속하게 구조할 수 있게끔 한다.

물론 긴급한 상황에서
로봇 인형의 역할은 중요하겠지만

그럼에도 불구하고
고독사 예방을 위해서는
로봇이 지켜주는 사람이 아니라
사람이 지켜주는 사람이
되어야 하지 않을까.

고독사 예방 사업의 목적은
부패한 시신의 신속한 발견일까.
위험에 처한 노인의 신속한 구조일까.
아니면 홀로 사는 노인이라도
서로 안부를 물어주고
함께 사는 이웃 만들기일까.

기술이 이렇게까지 노력했다는
변명이 되지 않았으면 좋겠다.
기술은 실천을 위한 출발일뿐
결과가 되지 않았으면 좋겠다.

가상현실

VR 가상현실 프로그램을 통해
어린 나이에 안타깝게
세상을 떠난 딸을 만나는
엄마의 모습이 담긴
TV 다큐멘터리를 시청하였다.

꼭 한 번만 보고 싶다고
차마 못다 한 말을
부디 전하고 싶다고

엄마는 그렇게
고글을 쓰고
세상을 떠난 딸아이가
마치 눈앞에 살아있는 양
말을 건네고
손을 잡고
아이를 품에 안았다.

누군가는 오히려

미련이 될 수 있다 했고

누군가는 오히려

좋은 애도가 될 수 있다 했다.

앞으로

인공지능과 가상현실 기술이 점차 발달하여

죽은 이를 똑같이 만들어 낼 수 있다면

그래서 고글만 착용하면

언제든지 떠난 이를 만날 수 있다면

말 그대로

사별의 슬픔을 극복할 수 있을까.

사별의 슬픔을 부정하게 될까.

모두 늙어서 죽었으면 좋겠다

인터넷에서 우연히 본 길고양이와의 공생 광고
'모두 늙어서 죽었으면 좋겠다.'

어디 고양이뿐이랴.
사람도 그랬으면 좋겠다.

희귀병으로 차마 꽃피우지 못하고
　　눈을 감은 아기들 모두
어른들의 학대에 시퍼렇게 멍이 든 채
　　눈을 감은 아이들 모두
생계에 시달려 부모의 손에 이끌려
　　어느 바닷속에 잠긴 아이들 모두
배를 타고 수학여행을 떠났다가
　　죽은 아이들 모두
삶을 비관하며 절망으로 옥상에서 몸을 내던진
　　학생들 모두
일자리를 구하지 못해 고시원에서
　　쓸쓸히 눈물을 삼켰던 취업 준비생 모두

갓 취업한 화력발전소에서
　　안타깝게 목숨을 잃은 비정규직 노동자 모두
암으로 고통받으며 눈물짓는
　　환자들과 가족들 모두
집주인에게 월세를 남기고
　　골방에서 숨을 거둔 세 모녀 모두
자식들에게 폐 끼치는 게 싫어
　　여행 가던 배에서 몸을 던진 노부부 모두
인공호흡기에 의지하여 그저
　　죽음의 순간만을 연장하는 이들 모두
모두에게 잊힌 채 백골이 되어서야 발견된
　　고독하게 죽은 이들 모두
폭염이 들끓던 전란의 현장에서
　　안타깝게 목숨을 잃은 이들 모두
배고픔과 목마름에 굶어 쓰러져가는
　　어느 나라의 아이들 모두
매일 매일 우리나라에서 800명씩
　　쓰러져가는 사람들 모두
우리 어머니도 아버지도 가족들도
그리고 내가 사랑하는 이들 모두

그렇게 삶에서 흠뻑 피어나
아픈 일 없이 슬픈 일 없이
모두 모두 천수를 누리다
늙어서 죽었으면 좋겠다.

웰다잉의 목표는 자연사(自然死)다.
모두 그렇게 자연스럽게 살다가
자연스럽게 죽었으면 좋겠다.

그런 죽음이라면 조금은 덜 아플 것 같다.

어디까지 허용해야 할까?

네덜란드에서는 한 소녀가
오랫동안 앓아온 우울증과
경계성 인격장애로 고통을 겪은 나머지
스스로 안락사를 신청했고
결국 정부에서는 이를 허가하여
그렇게 삶을 마감했다고 한다.

대부분의 안락사는
더 이상 회복할 수 없는
말기 질환에 한하여 안락사를
진행함을 원칙으로 하지만

그럼에도 불구하고
고통은 늘 상대적이다.

물론 그들이 겪고 있는 고통을
함부로 말할 수는 없다.

하지만

우울증에도

정신질환에도

공황장애에도

자살 충동에도

치매에도

안락사를 허용한다면

그렇게 떠나는 것을 허가한다면

어디서부터 어디까지

안락사를 허용해야 할까?

자비사(慈悲死)

안락사라는 용어 대신
자비사라는 용어를 사용하면 어떨까?

우리나라에서도 안락사를
시행해야 한다는 댓글을
인터넷 관련 기사에서
심심치 않게 볼 수 있다.

그런데 사람들은
안락사라는 용어에
환상을 갖고 있는 것 같다.

스위스에서 안락사로
삶을 마감하는 분의 모습을 담은
다큐멘터리를 시청한 적이 있다.
비록 안락사를 선택했지만
죽음의 순간은 그렇게 '안락'하지 않았다.
죽음을 돕는 의사도 '안락'하지 않았다.
지켜보는 이들도 결코 '안락'하지 않았다.

작게라도 살아있는 생명의 불씨를

인위적으로 끄는 모습은

결코 안락하지 않았다.

그런 면에서 '안락사'라는 이름보다

더 이상 벗어날 수 없는 고통에서

힘겨워하는 이들의 고통을 덜어준다는 취지로

'자비사'라는 용어를 사용한다면

조금 더 안락사에 대한 논의가

풍성해지지 않을까?

그렇다면 사람들이 안락사에 대해

가지고 있는 막연한 환상이나 오해를

줄일 수 있을 것 같다.

'안락'한 죽음은 환상이다.

그런 죽음을 맞고 싶을 때가 있다

그런 죽음을 맞고 싶을 때가 있다.

짐 캐리 주연의 영화
'트루먼쇼'의 마지막 장면처럼
삶의 마지막 순간
문을 닫고 퇴장하듯이
모두에게 손을 흔들고
굿바이 작별인사를.

내 삶의 마지막 순간도 그렇게
그동안 해왔던 일들을 모두 마무리 짓고
내가 있던 곳을 깨끗이 치우고
쓸만한 것들은 필요한 이들에게 나누어주고
함께 해준 이들에게 감사 인사를 전하고
미안했던 이들에게 사과의 뜻을 전하고
이끼던 옷을 깨끗이 다려입고
신의 손을 잡고 계단을 오르며

모두가 지켜보는 가운데

미소 지으며

박수 받으며

그렇게 문을 닫고

형광등 스위치를 내리듯

딸깍

이번 생에서 퇴장하고 싶을 때가 있다.

전생(前生)

죽음을 공부하다 보니
어느 날 인연이 닿아
귀한 분을 만나
최면을 통해 전생을
들여다본 적이 있었다.

이번 생에 나는
왜 그리 죽음을 찾아다닐까요.

그 이유를 찾기 위해
눈을 감고
안개처럼 부옇던
과거 생을 찾아가보니

지난 생에 너무나
아프게 죽음을 맞이했던
억울하게 죽음을 맞이했던
슬프게 죽음을 맞이했던
아직 죽기 싫다고 소리 지르던

그렇게 울면서 죽어갔던

나의 모습을 마주하며
펑펑 울었다.

지난 생에 죽음의 순간이
고통스럽고 두려워서
이번 생에 죽음을 공부하시나봐요.

이번 생에는
아프고 싶지 않아서.
잘 떠나고 싶어서.

수의(壽衣)

삼베 수의는 한국의 전통이 아니다.

원래 우리 조상님들은

자신이 갖고 있는 옷 중에 제일 좋은 옷이나

비단 혹은 명주로 만든 수의를 입으셨다.

그러나 일제 시대 때

조선총독부의 의례준칙이 발표된 이후

유가족만 입던 삼베수의를

고인에게도 입혔다고 한다.

그랬던 수의가 오늘날

최고급 삼베수의로 둔갑하여

몇백만 원에 팔리고 있는 현실은

참으로 아이러니하다.

우체부로 오랫동안 살아오신 그분은

수의 대신 우체부 옷을 입고 떠나셨다.

한복을 입고,

군복을 입고,

턱시도를 입고,

드레스를 입고 떠나신 분,

한지로 된 수의를 입고

떠나신 분들의

이야기도 들려오곤 했다.

삶의 마지막 순간

나는 어떤 옷을 입고 떠날까.

생전장례식

85세의 한 어르신이
생전 장례식을 치르셨다.
제목은 '나의 판타스틱한 장례식'
부고장에는 다음과 같이 적혀 있었다.
"죽은 다음 장례는 아무 의미 없습니다.
임종 전 지인과 함께 이별 인사를 나누고 싶습니다.
검은 옷 대신 밝고 예쁜 옷을 입고
함께 춤추고 노래 부릅시다."

고마웠던 이들
미안했던 이들
감사했던 이들을 모두 불러
노래도 부르고 춤도 추면서
서로를 품에 안고
그렇게 웃으며
이별의 인사를 나누었다.

죽고 난 다음에 어차피 보지 못할 얼굴
차라리 살아있을 때 만나자.

나는 누구를 초대하고
어떤 음식을 대접하고
어떤 노래를 부르고
어떻게 마지막 인사를 나눌까.

아니, 그보다 더
그렇게 나의 생전 장례식에
기꺼이 와줄 이들이 있을까.
초대하고 싶은 이들이 있을까.

장기 기증

장기 기증 하려면
건강 관리 잘하셔야 돼요.

사실
너무 고령이시거나
암 투병하셨거나
몸이 많이 편찮으시거나
건강이 좋지 않으신 분들은
장기 기증이 어려워요.

그래서 장기 기증은
갑작스런 안타까운 사고로
뇌사 상태에 계신 분들
젊고 건강하신 분들 위주로
주로 이루어지죠.

물론 꼭 장기뿐만 아니라
사망 이후 뼈, 연골, 피부, 인대
그리고 뇌 기증에 이르기까지

여러 가지 또 다른
방법들이 있긴 하지만

그래도 꼭
장기 기증이 하고 싶으시다면
정말 건강 관리 잘하셔야 합니다.
그러니 몸 아끼세요!
아껴서 주세요!
곱게 쓰다가
곱게 건네주세요!

해양장

TV 프로그램에서
인천에서 진행하는 해양장의 사례를 보았다.
인천에서는 조례가 통과되어
합법적으로 진행된다고 한다.

고인의 시신을 화장한 유골을 들고
인천 연안부두에서
장례식 전용 배를 타고
33호 부표 앞으로 찾아가
꽃잎과 함께 유골을 흘려보낸다.

또 누군가는 바다 위에
엄마가 좋아하던 요구르트를 따르고
아빠가 좋아하던 맥주를 따르고
아내가 좋아하던 사탕을 띄우고
이들이 좋아하던 띡을 뜯어 던진다.

그렇게 고인을 떠나보낸
유족들의 눈물이

똑똑똑 흘러
다시 바다를 이룬다.

강이 흘러 바다를 만나듯
언젠가 떠나간 이들과
떠나보낸 이들의 영혼이
저 넓은 바다
노을 위에서
다시 함께 만나리라
믿어 의심치 않는다.

천장(天葬)[*]

숨 한 모금 쉽지 않아
풀 한 포기 자라지 않는
설산의 앞뜰에서

이제 막 세상을 떠난 이의
다음 생을 위하여
칼을 들고
살갗을 벗기고
피를 뒤집어쓰며
뼈를 토막 내어
갓 태어난
뜨거운 영혼을 꺼내놓는
천장사의 소명

썩히지 않고 태우지 않고

*천장(天葬): 조장(鳥葬) 이라고도 하는데, 티베트에서 가장 보편
적인 장례이다. 티베트인들은 윤회를 믿기 때문에, 죽은 후 시신
을 분해하여 독수리에게 보시한다.

있는 그대로의 영혼을 꺼내어
수리의 부리에 물린 다음
마치 풍등을 띄우듯
멀리 하늘로 올려보내는

성불하소서.
성불하소서.
아픈 기억은 버리고
기쁜 기억은 남겨놓고

다시 태어나지 마옵시고
다시 죽지도 마옵소서.

어디에 담길 것인가

커피를 끓여서 내려마시는 주전자 모카포트.
그리고 모카포트를 만든
    알폰소 비알레티의 아들이자
모카포트의 대중화에 앞장선 레나토 비알레티는
자신의 유골을
그가 평생 사랑했던
모카포트에 담아달라는 유언을 남겼다.
그리고 유골은 그의 뜻대로
모카포트에 담겨졌다.

감자칩으로 유명한 프링글스
그리고 프링글스의
상징과도 같은 종이통을 개발한
프레드릭 바우어는
자신의 유골을
자신이 개발한
프링글스 통에 담아달라는 유언을 남겼다.
그리고 유골은 그의 뜻대로
프링글스 통에 담겨졌다.

명왕성을 발견한 천문학자
클라이드 톰보의 유골은
탐사선 뉴호라이즌스호에 담겨
명왕성을 향했다고 한다.

내가 세상을 떠나면
나의 유골은
어디에 담겨
어떻게 보관되면 좋을까?

미니어처

화장한 유골을 보관하는 봉안당에
고인을 위해 작은 미니어처 차례상을
제작해주는 업체를 알게 되었다.
인터넷에 봉안당 꾸미기를 검색해보니
수많은 업체가 나왔다.

차례상에는 고인이
좋아하던 음식을 골라 올릴 수 있고
고인이 즐겨하시던 술과 담배도
상표와 디자인 그대로
재현하여 올릴 수 있다고 한다.

또 고인이 즐겨하던 취미활동
고인이 아끼던 물건도 제작하여
넣어놓을 수 있다고 한다.
낚시를 좋아하던 분은 낚싯대를
등산을 좋아하던 분은 등산화를

누군가는 상술이 아니냐는 말도 있지만
그럼에도 불구하고 고인이 살아온 모습 그대로
기억될 수 있는 물품을 놓는다는 것은
떠난 이들과 남겨진 이들에게
큰 위안이 될 수 있을 것 같다.

그리고
어느 세월호 아이의 봉안당에는
아이가 좋아하던 음식이 올려진 차례상과
교복을 입고 있는 액자와,
졸업장이 함께 올려져 있었다.

유골 보석

시신을 화장한 유골을
다시 고온으로 태워
보석으로 만들어주는
업체가 있다고 한다.

유골을 어떻게
보석으로 만들 수 있을까
불편한 마음이 들기도 하지만
고인의 유골이
다시 아름다운 보석으로
태어나는 모습을 보며
유가족들은 마음의 안식을 얻는다고 한다.

그런데 흥미로운 사실은
화장한 유골을 태운 보석의 색깔이
사람마다 다르게 나온다는 것이다.
유리처럼 맑은 투명한 색깔
그리고 루비처럼 붉은 색깔
또 누군가는 푸르른 색깔

또 어떤 이는 검은 색깔로
결정이 만들어진다고 한다.

그리고 오랜 기간
투병 끝에 돌아가셨던
아버지의 유골을 의뢰한 아들은
검은색의 결정체를 보며
아버지의 긴 고통이
담겨 있는 것 같다고 말했다.
어떻게든 살아보려 노력하셨던
아버지 삶의 색깔이라고 말했다.

나의 유골은 어떠한 빛깔로 빚어질까.

화재

큰 건물에서 화재가 일어나
시민, 그리고 소방대원까지
많은 분이 돌아가셨다.

사고 현장에는 유가족들이
고인의 이름을 목놓아 부르며
슬픔에 잠겨 있었다.

발인을 마치고
고인의 시신을 화장하던 날
사망자의 어머니 한 분이
울부짖으며 눈물을 흘렸다.

불에 타 죽은 애를
또 저 뜨거운 불구덩이에
왜 또 다시 들여보내는 거냐!

문득 화재 사고로
돌아가신 분들을

꼭 화장해야 할까.

매장을 하면 안 될까.

다른 방법들은 없을까.

저 뜨거웠던 몸을

안고 식히고 보듬어서

이제는 괜찮다고

편히 쉬시라고

그렇게 떠나보낼

다른 방법은 없을까.

스마트폰

노인복지관에서
가장 인기 있는 수업 중 하나가
스마트폰 수업이다.
젊은이들에게는 익숙하지만
어르신들에게 스마트폰은
아직도 어렵고 복잡하기만 하다.

스마트폰으로 카카오톡 하기,
사진 찍기, SNS 하기 등등
다양한 기능들을 배우지만

스마트폰을 배워 가장 먼저 하는 것은
자녀들에게 문자 메시지를 보내는 것이다.

맞춤법도 틀린
삐뚤빼뚤한 글자를 남기기 위해
마치 실수라도 하면 안되는 양
스마트폰 화면을 들고
정성 들여 손가락으로 꼭꼭 누른다.

그중 한 어르신은

세상을 먼저 떠난 아들의 스마트폰을

해지하지 않고 여전히 갖고 있다고 하신다.

그리고 아직도 살아있는 듯 문자도 남기고

날씨 좋은 날 꽃 사진도 찍고

여행 가서 멋진 경치도

아들에게 보내시는 모습에

두 개의 스마트폰

엄마에게도

아들에게도

스마트폰이 있어

문득 참 다행이라는 생각이 들었다.

강아지의 죽음

친구가 말했다.

언젠가는 우리 강아지도
죽는다는 걸 알았어.
암 판정을 받았을 때도
마음의 준비를 하고 있었어.

그런데 너무 마음이 아픈 건
마지막 순간까지
고통으로 힘겨워하던
강아지의 모습이었어.

고통으로 울부짖으며 낑낑거리던
그 모습이 아직도 기억 속에 남아서
그게 참 마음이 아파.

그러고 싶진 않았지만,
조금이라도 더 함께 있고 싶었지만
그것조차도 나의 욕심이라는 걸 알기에

결국 보내줘야 한다는 걸 알면서도
쉽지 않았어.

안락사로 그렇게
강아지를 떠나보냈어.

그럼에도 불구하고
나의 욕심으로
마지막 순간까지
아프게 해서 미안해.

그곳에선 아프지 말고
행복하게 지내다가
내가 가는 그날에
제일 먼저 달려와 줘.

요양보호사

요양보호사 선생님
한 분이 말씀하셨다.

모시던 어르신이
돌아가시고 나면
우리도 참 마음이 아파요.
다른 분들 계시니까
말은 안 하지만.

치매에 걸리면
사람이 참 아기 같아져요.
응석 부리고 떼쓰고
먹이고 씻기고 입히고 재우고
또 어쩔 땐 우리 부모님 같고
그러던 분이 갑자기 아프셔서
돌아가시고 나면
마음이 철렁 내려앉는다니까
아침에 출근해서 베드가 비어있으면
울컥해서 저기 사람들 없는 데서

조금 울다가 오기도 해요.

치매 노인을 보는 게
쉬운 일은 아니잖아요.
몸도 힘들고 짜증도 나고 그러지만
그렇게 가실 줄 알았다면
그래도 좀 더 잘해드릴걸.
손도 좀 잡아드리고
몰래 입에 사탕이라도 하나 넣어드릴걸.
퇴근하고 시간 내서라도
장례식장에라도 가볼걸.

그냥 그래요, 마음이 참.
그 마음까지 참아야 하는 게
우리 일인가봐요.
그래서 힘들지 뭐.

요양원

요양원에 계시던 어르신이 돌아가셨다면
다 같이 추모하는 시간을 가져보면 어떨까요?

비록 장례식에 참석할 수는 없지만
시설 한 켠에 사진 한 장
초 하나라도 올려
작은 추모 장소를 만들고

어르신을 기억하는 사람이라면
누구나 가서 잠시라도
떠나가신 분들을 위해 기도할 수 있도록

또 직원 회의 시작 전에
직원들이 다 같이 함께
고인을 추모하는 시간을 가져보면 어떨까요?

그래도 같이 밥을 먹고
잠도 자고 함께 살았던 가족인데
가족같이 모신다고 약속했는데

마치 아무 일도 없었다는 듯
쉬쉬하며 모른 체 그냥 넘어가는 게
너무 슬프잖아요.
떠나도 가족이잖아요
가족들은 기억하잖아요

비록 내가 떠난다 하더라도
이 사람들은 나를 기억해주겠구나.
그런 생각이 든다면
그래도 떠날 때 조금은
위로가 될 수 있지 않을까요?
남은 이들도 떠난 슬픔을
함께 위로받을 수 있지 않을까요?

실종자

건축 중이던
아파트가 무너졌다.
일하던 인부들이 떨어졌고
무너진 잔해에서
인부들을 찾는 작업이
스무날이나 계속되었다.

그 높은 곳에서 떨어졌으니
안타깝지만 살아있을 확률은 희박했다.

그러던 어느 날
뉴스에서 실종자를 발견했다는
속보가 보도되었다.
분명 시신으로 발견되었을 텐데
왜 사망자가 아닌 실종자로 보도를 할까.
이유가 궁금하여
물어물어 찾아보니
비록 시신으로 발견되었다 하더라도
시신을 병원으로 이송하여

의사에게 사망확인을 받기 전까지는
실종자라고 지칭하는 게
의례라고 적혀 있었다.

그래도 끝까지
살아있을 수 있다는
가족들의 희망일까,
아니면 죽기 전까지
죽지 않았다는
남은 이들의 바람일까.
정확한 의사의 판단만이
죽음을 확신할 수 있다는
책임의 미룸일까.

책임도 구조도 확신도 미뤘던
누구도 받아들일 수 없는
실종자의 죽음은
그렇게 남은 이들에게 상처가 된다.

암 환자의 유튜브

이제는 우리 삶에서
유튜브를 빼어놓을 수 없다.
내 손안의 스마트폰으로
누구나 인터넷 방송을 할 수 있는 시대
그러나 보니 여러 가지 주제로
다양한 사람들이 방송을 한다.

직업이 직업인지라 유튜브로
죽음과 관련된 영상들을 찾아보는데
어느 날부터 추천 리스트에
말기 암 환자들의 영상들이
올라오기 시작했다.
암 진단에서부터 투병 과정
수술과 방사선 치료에 이르기까지
암 투병을 하는 과정들을 올리며
꼭 건강해지겠다는,
다시 살아보겠다는 다짐을 한다.
구독자들도, 시청자들도 쾌유를 기도하며
그들의 회복을 응원한다.

나 역시도 채널을 구독하며

그들을 응원하고 완쾌를 기원하지만

점점 영상 업로드 주기가 느려지고

어느 날 올라온 가족의 공지사항

"○○○ 님께서 하늘나라로 떠났습니다."

그렇게 응원했던

수많은 구독자와 시청자가

함께 슬퍼하며

서로를 위로하며

또 다른 유가족이 된다.

나의 묘비명

일생 죽음을 궁금해하다

이제 드디어 만나러 갑니다.